MARCEL PROUST

THIERRY LAGET

LES ESSENTIELS MILAN

Sommaire

Les mots suivis d'un astérisque (*) sont expliqués dans le glossaire.

En moins d'un siècle, Marcel Proust est devenu un personnage de légende. On raconte – et il faut, ici, démêler le vrai du faux – qu'il offrit un aéroplane à son secrétaire, qu'il dînait seul au Ritz, sous les bombardements, qu'il restait des jours et des nuits sans dormir, à écrire, et qu'il expira en murmurant « Maman ». N'a-t-il pas, le premier, rêvé de faire « un livre aussi long que *Les Mille et Une Nuits* » – aussi long et aussi envoûtant ? Derrière le mythe se dresse la réalité d'une vie consacrée à une œuvre, et d'une œuvre contenant une vie. Comment réduire à l'essentiel ce foisonnement d'existences, d'événements, d'images, de paysages, de conversations, de rires, de souffrances, de pensées, sans les caricaturer ? En n'oubliant jamais que l'œuvre est au-dessus des commentaires, que c'est elle qui dicte sa loi, et que, lorsqu'on a refermé les études critiques, il faut, toujours, revenir à elle.

Lire Proust ?

Redouté pour ses phrases interminables dont on a oublié le début avant d'arriver à la fin, Proust effraye ceux qui ne l'ont pas lu. S'ils savaient...

Proust, écrivain difficile ?

Que vaut une victoire remportée sans combattre? Proust est un auteur difficile – à quoi bon le cacher? Mais cette difficulté n'est jamais synonyme d'obscurité. Il a toujours eu le souci de la clarté. L'agrément de son style, de son humour, de son intelligence, dédommage le lecteur de ses efforts. Il s'agit de se plier à des habitudes de lecture différentes, d'oublier nos réflexes, d'avoir la curiosité d'écouter une voix nouvelle. Bref, il s'agit de découvrir le monde avec les yeux d'un autre.

Proust, difficile? Oui, si l'on compare son chef-d'œuvre, *À la Recherche du temps perdu*, aux aventures de Tintin. Mais cette difficulté illumine celui qui la surmonte. Lire Proust, c'est avoir la joie d'apprendre une langue étrangère en deux heures. Car au bout de vingt pages, gagné par le rythme des phrases, on trouve cette respiration naturelle: ceux qui ont tenté l'expérience le savent – dans leur vie, il y a un *avant* et un *après* Proust.

« J'aime par-dessus tout le style pourvu d'amples ailes et adouci de moelleuses plumes. » (Proust, 1910)

Proust, écrivain snob ?

Proust? – Un snob, un décadent*, un raseur, un coupeur de cheveux en quatre, un classique guindé! Il ne parle que de marquises, de duchesses, de messieurs à particules, à chapeaux hauts de forme, à monocles. Ce n'est pas notre monde. Son raffinement est irritant. Jean-Yves Tadié a répondu une fois pour toutes à ces arguments: « Il est aussi vain de reprocher à Proust de s'intéresser aux aristocrates et non aux ouvriers, qu'à Cézanne de s'intéresser aux pommes. »

Quant au fameux raffinement proustien, il faut être bien naïf pour le confondre avec de la bégueulerie. Qui a écrit: « On ne pourrait pas dire si c'est fait avec de la colle, avec du rubis, avec du savon, avec du bronze, avec du soleil, avec du caca. », « Je me dis tout d'un coup : "Oh ! mon Dieu, on a crevé ma fosse d'aisances", c'est simplement la marquise qui vient d'ouvrir la bouche » ? Qui a décrit un poulet qu'on décapite, des enfants se tripotant dans un donjon obscur, les couloirs du métro de Paris en 14-18, pendant les alertes ? Un snob ! Un précieux ! – Marcel Proust ! Il savait donner à chaque personnage, qu'il soit prince ou valet, son vrai langage et son vrai visage.

Proust à 21 ans.

Proust, un océan

Proust, interminable ? Anatole France, son maître, à qui l'on demandait s'il avait lu ses livres, répondit : « La vie est trop courte et Proust est trop long », oubliant qu'il avait lui-même publié une trentaine de romans, quand Proust n'en a écrit qu'un seul. Proust s'est expliqué : « Je suis bien obligé de tisser ces longues soies comme je les file, et si j'abrégeais mes phrases, cela ferait des petits morceaux de phrases, pas des phrases. »
Ces phrases s'étendent parfois sur plusieurs pages ? C'est vrai. Parfois. Mais a-t-on construit les cathédrales en brique, à la taille de nos chaumières ? Ces phrases longues sont écrites en français et respectent la grammaire – ce qui n'est pas toujours le cas de certains petits livres à succès. Et la longueur est relative. On verra, en parcourant les citations proustiennes des pages 56-57, que Proust sait aussi manier l'ellipse.

Écrivain difficile, snob, œuvre trop longue ! Tels sont les reproches souvent adressés à Proust, par ceux qui le connaissent mal.

Les années d'enfance

Enfant chétif, maladif, hypersensible, Marcel Proust aurait pu se couler dans le moule de son époque symboliste, et n'être qu'un dandy. Mais il avait choisi d'être un génie.

Fils de « Maman »

***Ci-contre*:**
Jeanne Proust (1849-1905).

Marcel Proust est né à Auteuil le 10 juillet 1871. Son père, Adrien Proust, professeur à la faculté de médecine, aime ce qui est franc, viril, positif – les voyages lointains, les photographies de petites actrices, les grandes épidémies. Sa mère, Jeanne Weil, plus rêveuse, quoique issue d'une famille de banquiers opulents, inculque à son fils aîné le goût des belles choses, des beaux sentiments. Le conflit entre l'éducation rigide que souhaite le père, et la tendre conversation des grands esprits à laquelle aspire la mère, aura des répercussions jusque dans les premières pages de *Du côté de chez Swann*, où l'on voit le héros demander à sa mère le baiser du soir que son père lui refuse. Proust aura un frère, Robert, qu'il dira aimer beaucoup, et qui ressemblera à leur père. Mais c'est « Maman » qui aura toujours la préférence.

Fils de la France

Proust n'est pas un pur produit de la grande bourgeoisie parisienne. Du côté paternel, il tient à cette petite bourgeoisie provinciale, villageoise, qu'il décrira dans « Combray » et qu'il observe aussi bien chez son oncle Louis Weil à Auteuil (à la fin du XIXe siècle, Auteuil est encore un village à la campagne) qu'à Illiers, près de Chartres, berceau de sa famille. Là-bas, il pêche, admire les aubépines, fait voler des hirondelles de fer-blanc.

Dans ces paysages de fleurs gothiques et d'églises végétales, Proust apprend la France, sa langue, son passé, ses images, la musique de ses journées et la forme de ses rivières. Il ne faut jamais oublier, quand on lit Proust qu'il était de ces Parisiens qui voient la capitale comme le cœur d'une immense fleur.

Robert et Marcel Proust en 1877.

Fils de son temps

Cet enfant lit beaucoup: l'*Histoire de la conquête de l'Angleterre par les Normands* d'Augustin Thierry, *Le Capitaine Fracasse* de Théophile Gautier, *Les Mille et Une Nuits*. En 1906, il écrira qu'« il n'y a peut-être pas de jours de notre enfance que nous ayons si pleinement vécus que ceux que nous avons cru laisser sans les vivre, ceux que nous avons passés avec un livre préféré».

Il s'enflamme également pour les questions d'actualité et de politique. Au lendemain de la Commune, la France connaît de nombreux soubresauts, des scandales (Panama), des tentatives de coups d'État. Ainsi, pendant quelques jours de 1887, Proust est partisan du général Boulanger, qu'on accuse de comploter contre la République: «Quoique l'homme soit très commun et un vulgaire batteur de grosse caisse, ce grand enthousiasme si imprévu, si roman dans la vie banale et toujours la même, remue dans le cœur tout ce qu'il y a de primitif, d'indompté, de belliqueux.» Proust ne sera jamais dupe de rien.

Premières amours

Le petit Marcel plaît aux jeunes filles. On lui prête (ou il se prête) quelques amours de jeunesse, avec Marie Benardaky («l'ivresse et le désespoir de mon enfance», dira-t-il en 1918) ou avec Lucie Faure, fille d'un futur président de la République. Mais il se contente de jouer avec elles aux Champs-Élysées.

Il écrit aussi à son grand-père pour lui demander de l'argent: «Papa m'a donné dix francs pour aller au bordel. Mais 1° dans mon émotion j'ai cassé un vase de nuit, 3 francs 2° dans cette même émotion je n'ai pas pu baiser.» Il a 16 ans.

Proust a puisé dans son enfance et son adolescence parisiennes et provinciales les premiers matériaux de son œuvre.

Enfant de la maladie

À neuf ans, Proust fait l'expérience de la maladie : l'asthme ne lui accordera plus de répit mais deviendra, peut-être, la condition de son œuvre.

Robert et Marcel Proust en 1885.

Le souffle coupé

Au printemps de 1881, rentrant d'une promenade au bois de Boulogne, Proust a sa première crise d'asthme. Ce drame de l'enfance sera la chance de l'homme mûr : en s'enfermant avec sa maladie, il créera le milieu idéal à l'épanouissement d'une personnalité hors du commun.

Mais, dira-t-il : « en me faisant, comme un rude directeur de conscience, mourir au monde, [la maladie] m'avait rendu service ». Cet asthme, allergique et psychologique, l'empêche de sortir à certains moments (en été, pendant les foins ; en hiver, les jours de brouillard), mais lui fournit aussi un prétexte pour se retirer de la société, ne voir que ceux qu'il a envie de recevoir, rester des jours entiers dans son lit, à écrire.

Une vie en retrait

Tout le menace : il vit retiré de la vie, dans une chambre glaciale à la mauvaise saison, pour ne pas risquer de sentir l'odeur d'un feu de bois. Parfois, la vue d'une photographie de fleur suffit à déclencher une attaque ! Le souvenir du parfum, autant que le parfum, est vénéneux. C'est dans cette mémoire si puissante, si présente à son corps et à son esprit, que Proust pourra ancrer son œuvre.

Jacques Rivière, qui fut son éditeur et son ami, explique ainsi la « lucidité invraisemblable » de Proust : « La maladie, qui fut comme parallèle à toute sa vie, l'espèce d'assistance continue de la part de ses proches qu'elle exigea, l'ont tout de suite dispensé de vouloir, de préméditer, de tendre. Toutes ses forces se sont tournées en désir et en souffrance ; il a passé tout entier dans ses sentiments. »

Le père de Marcel photographié par Nadar.

Asthme et littérature

Fils de médecin, frère de médecin, Proust finira par faire de la maladie son « violon d'Ingres ». Il donnera des consultations à ses amis, se soignera lui-même, se prescrira toutes sortes de médicaments plus ou moins dangereux, toujours curieux, dans ce domaine comme dans tant d'autres, de tenter des expériences qui pourraient être utiles à son œuvre.

Les personnages de médecins et de malades sont nombreux dans la *Recherche* (Percepied, Cottard, du Boulbon, Dieulafoy, pour les premiers ; le Narrateur, sa tante Léonie, sa grand-mère, Bergotte, Swann, pour les seconds). Les métaphores* médicales, innombrables, comparent l'amour et la jalousie à des maladies, l'oubli à une guérison. Enfin, l'un des titres auxquels songeait Proust pour son roman est le nom d'une déficience cardiaque : les « intermittences du cœur ».

La critique a d'ailleurs parfois considéré que le style de Proust était bien celui d'un asthmatique : de longues phrases que l'on étouffe à vouloir lire d'une traite, sans reprendre sa respiration. Le simple bon sens prouve qu'il n'en est rien : pendant la crise, l'asthmatique se tait, n'ayant pas la force de parler. Et c'est peut-être, aussi, pourquoi Proust a tant écrit.

Proust n'a eu qu'un seul compagnon fidèle, inspirateur et confident : sa maladie.

Les années de formation

Au collège, Proust se fait remarquer, déjà, par son regard à la fois mélancolique et ardent. Curieux, raisonneur, ouvert, il impressionne ses camarades et déconcerte ses professeurs.

Proust au lycée Condorcet (*1er à gauche, 2e rang*).

Au lycée Condorcet

Proust entre au lycée Condorcet en 1882.

Malgré sa santé défaillante et ses absences répétées, il saura mettre à profit ses passages dans cet ancien couvent transformé en Thélème bourgeoise. Son professeur préféré est Alphonse Darlu, auquel il rendra hommage en 1896, dans la préface des *Plaisirs et les Jours*: «le grand philosophe dont la parole inspirée, plus sûre de durer qu'un écrit, a, en moi comme en tant d'autres, engendré la pensée».

Les tiraillements de l'adolescence sont feutrés, dans ces cours de récréation qui sont des cloîtres: c'est l'époque où Proust déclare que le malheur, ce serait d'être «séparé de maman», qu'il voudrait vivre «au pays de l'idéal», mais où il a déjà beaucoup d'indulgence «pour la vie privée des génies». Est-ce en ces années qu'il découvre son attirance pour les jeunes gens? Ses camarades ont témoigné qu'il les avait un peu importunés avec ses serments d'admiration effrénée et son amitié trop affectueuse. Pour désigner sa manière d'être, son style, ils inventent, déjà, le verbe «proustifier».

Après le baccalauréat, en 1889, il accomplit son service militaire. Il reconnaîtra plus tard que ce fut la période la plus heureuse de sa vie. À Orléans, loin de ses parents, entouré de garçons sympathiques et virils, il rompt avec ses habitudes de malade.

«Je suis tout ce qu'il y a de plus embarrassé car il faut, papa le veut, que je décide de ma carrière. [...] Que reste-t-il, décidé que je suis à n'être ni avocat, ni médecin, ni prêtre, ni –» (Proust, 1893)

Les revues scolaires

Nul en mathématiques, bon en lettres, Proust a très tôt cherché à développer sa vocation d'écrivain. Les différentes écoles littéraires s'expriment alors dans des revues. On n'est pas écrivain si l'on n'y publie pas. Avec ses camarades (Henri Barbusse, Jacques Bizet, Léon Blum, Robert Dreyfus, Robert de Flers, Fernand Gregh, Daniel Halévy, etc.), Proust crée donc d'éphémères feuilles manuscrites ou polycopiées (*Le Lundi*, *La Revue de seconde*, *La Revue verte*, *La Revue lilas*). En 1891, il donne au *Mensuel* sa première page de fiction, « Souvenir », évocation nostalgique (et déjà autobiographique ?), au seuil de la mort, d'une amitié amoureuse : « Depuis ma terrible maladie, je suis condamné [...] à rester étendu sans bouger. Je vis de sentiments et de douleurs. »

Marcel Proust pendant son service militaire à Orléans (1889-1890).

En 1892, alors qu'il suit les cours de l'École libre des sciences politiques, il fonde avec ses amis *Le Banquet*, qui vivra plus longtemps (huit numéros) et où paraîtront, de Proust, des « Études » de prose poétique.

Un début dans la vie

Proust hésite entre une carrière juridique, comme le souhaiterait son père, et une carrière artistique ou littéraire, que préférerait sa mère. Pour tenter de concilier les deux points de vue, il commence à travailler comme attaché non rétribué à la bibliothèque Mazarine, mais se fait aussitôt mettre en congé et n'y retourne jamais.

C'est en dilettante qu'il veut aborder l'existence. Le monde des salons l'attire autant que le monde littéraire. Il penche dangereusement vers un certain snobisme.

Dès ses années d'études s'affirme sa vocation d'écrivain.

Les Plaisirs et les Jours

Quand paraît le premier livre de Proust, le symbolisme* est à l'agonie. Au style décadent, déliquescent, aux pâmoisons de la fin du siècle, Proust tente de substituer une étude claire de l'être humain.

« Surtout, ne parlez jamais des *Plaisirs et les Jours*. Je les renie. » (Proust, 1921)

La Revue blanche

La véritable entrée de Proust en littérature coïncide avec la publication de ses premiers textes dans *La Revue blanche*, en 1893. Il y côtoie des écrivains tels que Verlaine, Maeterlinck, Gide, et des illustrateurs comme Vuillard ou Toulouse-Lautrec. Anarchiste et symboliste, cette revue est alors à l'avant-garde de l'avant-garde. Mais Proust y publie des proses décadentes*, des nouvelles et des réflexions critiques qui le situent en marge du mouvement : dans l'une d'elles, intitulée « Contre l'obscurité », il s'en prend à l'hermétisme, dont le chantre n'est autre que Mallarmé, grande signature de la même revue. Proust a toujours eu, aura toujours le culte de la clarté. On lui demande alors d'aller publier ses textes ailleurs.

Illustration pour *Les Plaisirs et les Jours* représentant Robert de Montesquiou et Marcel Proust.

Ailleurs

Mais depuis quelque temps déjà, Proust avait l'intention de faire une revue à lui tout seul. *Les Plaisirs et les Jours*, qui paraissent chez Calmann-Lévy en 1896, ressemblent en effet à un numéro de revue dont Proust aurait écrit tous les textes, en changeant de style à chaque page. Poèmes, proses, nouvelles, récits et pastiches* alternent dans le plus grand désordre. À ces textes, préfacés par Anatole France, l'auteur joint des illustrations de Madeleine Lemaire, artiste très renommée et mondaine très introduite, et une partition de Reynaldo Hahn, son grand ami, avec qui il voyage de salon en salon et sur les côtes bretonnes.

Livre sous influence, *Les Plaisirs et les Jours* empruntent à Baudelaire, à Tolstoï, à La Bruyère, aux Goncourt, à La Rochefoucauld, à Shakespeare, à tant d'autres. Cependant, dans des textes comme « Mélomanie et Mondanité de Bouvard et Pécuchet » ou « La Confession d'une jeune fille », on entend déjà la voix de l'écrivain original. Délaissant le décor et les accessoires symbolistes – ces paons, ces lys, ces cieux, ces navires, ces joyaux – pour une étude de l'âme humaine, Proust se tourne vers la psychologie des profondeurs qu'il portera à son degré d'incandescence dans la *Recherche du temps perdu*.

Jean Lorrain (1855-1906).

Un accueil tiède

Ce premier ouvrage, luxueusement présenté, coûtait quinze francs, une belle somme pour l'époque; son auteur était inconnu. Il ne s'en vendit que quelques exemplaires. La critique ne se pressa pas de crier au chef-d'œuvre. Léon Blum parla d'un « livre trop coquet ». Charles Maurras, le plus enthousiaste, décréta qu'il marquait « une si extrême diversité de talents que l'on [pouvait] être embarrassé d'avoir à les noter tous chez un aussi jeune écrivain ». Quant à Jean Lorrain, homosexuel dandy et critique venimeux, il formula des jugements malveillants (« l'amateurisme des gens du monde », « style précieux et prétentieux », « Le fouet, monsieur! ») et des insinuations sur la nature des rapports de l'auteur avec Lucien Daudet, fils d'Alphonse, si bien que Proust lui envoya ses témoins. Les deux hommes se battirent en duel au pistolet, le 6 février 1897. Deux balles furent échangées, et les témoins, d'un commun accord, décidèrent que « cette rencontre mettait fin au différend ».

C'est par *Les Plaisirs et les Jours* que Proust se fait connaître de quelques gens de lettres. Ce livre ne trouve aucun public.

Amis et ennemis

L'affaire Dreyfus, cet immense scandale qui déchire la France au tournant du siècle, révèle un Proust que l'on n'attendait pas : acharné, passionné, au cœur de la mêlée.

Gravure du *Petit Journal* : dégradation d'Albert Dreyfus le 5 janvier 1895 dans la Cour des Invalides.

L'affaire Dreyfus

Révélateur des tares et des vertus de la société française de la fin du XIXe siècle – antisémitisme, xénophobie, militarisme, nationalisme, intolérance, d'une part ; générosité, refus de l'injustice, abnégation de l'autre – « l'Affaire » se présente comme un psychodrame national.
En 1894, le capitaine Alfred Dreyfus, officier de l'armée française, est accusé d'espionnage pour le compte de l'Allemagne. Jugé, condamné, dégradé et déporté à l'île du Diable, Dreyfus s'affirme innocent. Des personnalités du monde politique et littéraire, les premiers « intellectuels », prennent sa défense et exigent la révision de son procès. À leur tête : Émile Zola. Proust s'enflamme pour cette cause.
Il fait signer une pétition dans les salons, assiste aux audiences du procès en diffamation qu'a valu à Zola son article intitulé « J'accuse », où il a reproché à l'armée et au gouvernement d'avoir forgé des faux pour maintenir Dreyfus en prison. Il parlera souvent, avec fierté, de cette période de sa vie.

« Je crois bien avoir été le premier dreyfusard, puisque c'est moi qui suis allé demander sa signature à Anatole France. » (Proust, 1919)

Les amis dreyfusards

Dreyfus était juif. Proust aussi, par sa mère, quoiqu'il eût été élevé dans la religion catholique de son père. Mais plus que des raisons de parenté ethnique, c'est son culte de la

vérité – celui-là même qui caractérise son œuvre – qui pousse Proust à s'engager. On lui a souvent reproché son snobisme, son opportunisme: aurait-il fait ce choix, s'il avait été snob? Aurait-il pris le risque de se mettre à dos le monde aristocratique, catholique et antidreyfusard du faubourg Saint-Germain qu'il rêvait de fréquenter?
Proust a choisi son camp, auprès d'Anatole France, de Georges Clemenceau ou de Jean Jaurès (qu'il n'aime pas), et contre Maurice Barrès ou Léon Daudet, qui sont ses amis. La vérité était trop exigeante.

Anna de Noailles en 1904.

Les amis du « Faubourg »

Cependant, les portes de ces salons aristocratiques se sont déjà ouvertes devant lui, grâce à quelques amis: le marquis Boni de Castellane, la princesse Mathilde, nièce de Napoléon Ier, le prince Léon Radziwill. Robert de Montesquiou, descendant de d'Artagnan, homosexuel, homme de goût et poète hystérique, écrit des vers alambiqués, pleins d'hortensias, de paons et de chauves-souris: par ses colères et ses engouements, il fascine son époque. La comtesse Anna de Noailles, poétesse, dans un genre plus mesuré et plus serein, allie les alliances nobiliaires au prestige littéraire (qui plus est, elle a pour amant Maurice Barrès). Mais l'amitié la plus sûre est celle de Geneviève Straus, veuve de Bizet, le compositeur de *Carmen*, et femme d'esprit. Cette amie de Degas, de Maupassant, de Charles Haas qui inspirera le personnage de Charles Swann, sert de trait d'union entre le monde de la haute finance (son mari est l'avocat des Rothschild) et le monde des arts. Son salon a beau être dreyfusard, c'est l'un des plus brillants de Paris. Avec l'affaire Dreyfus et la fréquentation du grand monde (l'Histoire et la société, les plaisirs et les jours…), Proust a de quoi nourrir d'observations son étude de la France à la fin du siècle. Il se resservira de tout cela dans la *Recherche*.

Geneviève Straus

L'affaire Dreyfus porte Proust à s'engager au nom de la vérité.

Jean Santeuil

De 1895 à 1902, Proust écrit *Jean Santeuil*, un roman ambitieux qu'il n'achève pas. Cette œuvre secrète ne sera publiée qu'en 1952.

Écrire sa vie

Pendant plusieurs années, Proust écrit *Jean Santeuil*, confondant sa vie et son œuvre. On dirait que tout ce qu'il vit est matière à littérature. Assiste-t-il au procès Zola ? Il en fait aussitôt le récit dans son roman. Passe-t-il quelques jours de vacances avec Reynaldo Hahn, en 1895, dans un hôtel de Beg-Meil, en Bretagne ? Ce séjour est évoqué dans *Jean Santeuil*.
En cherchant à faire coller au plus près ce qu'il écrit à ses expériences, Proust tente d'aller au-delà des brefs textes qui composaient *Les Plaisirs et les Jours*. Il veut inscrire son roman dans la durée, faire une œuvre de longue haleine. Il ne peut cependant – et ne pourra jamais – renoncer à la technique du fragment : il n'écrit pas *Jean Santeuil* d'une traite, comme un récit suivi, mais comme une succession de scènes indépendantes les unes des autres.

« Puis-je appeler ce livre un roman ? C'est moins peut-être et bien plus, l'essence de ma vie, recueillie sans y rien mêler, dans ces heures de déchirure où elle découle. Ce livre n'a jamais été fait, il a été récolté. »

Un livre éclaté

« Puis-je appeler ce livre un roman ? » se demande Proust au seuil de son texte. La question ne concerne sans doute pas seulement *Jean Santeuil*, mais le génie créateur de Proust.
S'il n'y a pas d'intrigue, au sens classique du terme, on trouve des personnages qui agissent, qui sentent, qui pensent, immergés dans le monde. On ne peut pas vraiment parler de structure – le livre est inachevé. On lit une succession de scènes et de portraits dispersés, que les éditeurs ont regroupés par thèmes et qui concernent tour à tour les souvenirs d'enfance de Jean (à Paris ou à Illiers), ses voyages (à Beg-Meil, en Suisse), son amitié avec Henri de Réveillon, son service militaire, les affaires politiques (le scandale Marie et l'affaire

Reynaldo Hahn en 1910.

Dreyfus), la vie mondaine (ascension sociale du héros), la vie amoureuse (étude de la jalousie), la vieillesse.

Le destin d'un roman

Les rêves esquissés dans *Jean Santeuil* verront leur couronnement dans la *Recherche*. Le roman inachevé nourrira le livre de la maturité, et des scènes entières seront reprises, recopiées, réinventées, dans le *Temps perdu*. Ce que Proust a à dire lui tient tant à cœur qu'il ne cessera d'y revenir.

Peut-être a-t-il abandonné *Jean Santeuil* par manque de distance critique. Il lui fallait l'éloignement du temps pour jeter un regard neuf sur les événements de sa vie. Lorsque les expériences trop fraîches évoquées dans *Jean Santeuil* auront été transfigurées, métamorphosées, expliquées par la mémoire, Proust pourra créer son œuvre véritable. Il a besoin que le temps ait d'abord accompli son œuvre de destruction avant d'entreprendre la sienne, de création.

Sans doute Proust a-t-il deviné un écueil. Pour tenter d'accroître cette distance, il parle de ce héros qui lui ressemble tant à la troisième personne du singulier. Ce « il » se transformera en « je » dans la *Recherche du temps perdu*, quand l'écrivain aura reconnu et conjuré les dangers de l'autobiographie. Son prochain roman ne racontera pas sa vie, mais l'inventera. Avant cela, il lui faut parcourir encore bien du chemin.

Par l'ampleur de sa démarche, *Jean Santeuil*, roman inachevé, préfigure la *Recherche du temps perdu.*

Voyages

Proust, qu'on imagine cloîtré dans sa chambre, a voyagé autant que le lui permettait sa santé. De 1914 à sa mort, toutefois, il ne quittera plus Paris.

***Vue de Delft*, Vermeer.**

Voyages en France

Proust n'est pas, comme Cendrars ou Morand, un écrivain voyageur. Mais le voyage tient dans sa vie et dans son œuvre une place centrale. Ce qui compte pour lui, plus que le déplacement, c'est le projet, le départ, rompre avec ses habitudes. Tous les obstacles qui se dressent devant lui aiguisent son désir. Le voyage prend ainsi la valeur d'un plaisir charnel. Il ne part pas, mais rêve, autour des noms de villes inconnues, dont les sonorités évoquent pour lui des spectacles fabuleux, des jeunes femmes, des aventures.

Les quelques voyages qu'il accomplit effectivement durant sa jeunesse sont tous liés à des curiosités d'ordre artistique. Passionné d'architecture et de statuaire gothique, il visite, sur les traces de Ruskin (voir pp. 20-21), les cités de Normandie, de Picardie, de Bourgogne où ont fleuri églises, monastères et cathédrales : Amiens, Abbeville, Laon, Senlis, Avallon, Vézelay, Beaune, Rouen.

Ces voyages s'apparentent à des pèlerinages.

Il fréquente aussi beaucoup les villes de villégiature, où l'on poursuit loin de Paris les mondanités parisiennes : Saint-Moritz, Trouville, et les villes d'eaux, Le Mont-Dore, Évian, Kreuznach en Prusse. De 1907 à 1914, il retourne chaque été à Cabourg, dont il fera le Balbec de la *Recherche*. Il sillonne la côte normande en automobile, avec son chauffeur Alfred Agostinelli, dont il est amoureux : à la nuit tombée, il admire les portails des églises dans la lumière des phares de la voiture.

Voyages en Hollande

En 1902, il visite la Belgique et la Hollande : Bruges, Anvers, Dordrecht, Rotterdam, Amsterdam, Vollendam, Haarlem. Là encore, il va d'églises en musées, et admire les œuvres de Memling, Roger Van der Weyden, Rubens, Rembrandt. Il évoque ce voyage dans la préface de *Sésame et les lys* : c'est une quête de la vérité, car nous croyons que la vérité est en dehors de nous, dans la beauté des choses et des êtres. Au musée de La Haye, justement, il découvre la *Vue de Delft*, de Vermeer, « le plus beau tableau du monde ».

Voyages en Italie

Mais c'est Venise qui lui offre le plus fécond des dépaysements. Il s'y rend d'abord avec sa mère, en avril 1900, et y retrouve Reynaldo Hahn. Il arpente la ville, s'extasie devant les tableaux de Carpaccio, de Bellini, va à Padoue admirer les fresques de Giotto. En octobre de la même année, il y retourne, seul.

L'Italie lui a laissé une telle nostalgie qu'il ne cesse d'en parler et qu'il y situe les seules scènes « exotiques » de la *Recherche*, dans *Albertine disparue*. Florence, qu'il ne connaît pas, qu'il ne connaîtra jamais, lui inspirera même un désir si intense qu'il projettera d'y partir avec la comtesse de Noailles : elle visiterait la ville, et lui raconterait, le soir, ce qu'elle aurait vu. Le désir est plus important que sa satisfaction.

Venise au temps de Proust.

« Le plus enivrant des romans d'amour, dit Proust, l'indicateur des chemins de fer. » Émerveillé par les voyages, mais immobilisé par la maladie, il a formulé une conception de l'ailleurs proche du rêve.

Traducteur de Ruskin

John Ruskin (1819-1900), grand critique d'art anglais, est l'un des maîtres de Proust, qui a traduit deux de ses livres. En se détachant peu à peu de son modèle, Proust se forge un style et une pensée.

John Ruskin (1819-1900).

Un penseur universel

On a peine à imaginer aujourd'hui l'autorité intellectuelle de Ruskin à la fin du XIXe siècle. Il était l'égal d'un Nietzsche ou d'un Tolstoï. À la fois sociologue, géologue, philanthrope, peintre, critique, il fut le défenseur de Turner et des préraphaélites*, il contribua à remettre Giotto, Carpaccio ou Botticelli à l'honneur.

À partir de 1899, Proust traduit deux de ses ouvrages: *La Bible d'Amiens*, étude sur l'histoire du christianisme en France et description méthodique de la cathédrale d'Amiens; et *Sésame et les lys*, conférence sur le rôle de la lecture dans l'éducation des jeunes filles.

Proust n'a de l'anglais qu'une connaissance scolaire, insuffisante. Aussi a-t-il recours à la collaboration de sa mère. Elle lui fournit une première version française, mot à mot, qu'il retravaille avec l'aide d'une amie anglaise, Marie Nordlinger.

Des notes et des préfaces

Plus qu'il ne traduit, Proust commente. Il accompagne en effet le texte de Ruskin de notes aussi abondantes qu'érudites. Certaines sont très personnelles: à côté du sujet, il évoque ses amis, un voyage qu'il a fait, un tableau qu'il aime.

Mais ses préfaces sont plus extravagantes encore. Le premier mot de celle de *La Bible d'Amiens*, qui occupe plus de cent pages dans l'édition de 1904, est « je ». Proust résume le livre qu'il a traduit, discute certaines thèses de son auteur, dont il dresse le portrait intellectuel. Mais il conclut par un « Post-Scriptum » dans lequel il attaque la pensée du maître, le décrit manquant de sincérité, dénonce son « idolâtrie ». Étrange procédé que de blâmer celui que l'on devrait porter aux nues. Après cette exécution, Proust peut donner libre cours à ses propres réflexions : il cite Baudelaire, Gustave Moreau, Balzac, Stendhal, décrit les aubépines – bref, fait du Proust.

La préface de *Sésame et les lys* (1906) est encore plus caractéristique. Ayant une bonne fois pour toutes oublié Ruskin, Proust se lance dans une merveilleuse évocation des journées de lecture de l'enfance. On a, aujourd'hui, l'impression que le texte de Ruskin n'est qu'un appendice à la préface de Proust…

« Directeur de conscience de son temps, certes Ruskin le fut, mais il fut aussi son professeur de goût, son initiateur à cette beauté que Tolstoï réprouve au nom de la morale et dont Ruskin avait tout poétisé, jusqu'à la morale elle-même. » (Proust, 1900)

Un prétexte à écrire

Ruskin n'est plus qu'un prétexte. Proust l'abandonnera d'ailleurs après la mort de sa mère : il n'aura alors plus rien à prouver à ses parents, aura perdu sa principale collaboratrice et, surtout, se sera détaché d'un modèle qui menaçait de le stériliser.

Mais quels que soient les griefs qu'il formule à l'encontre de la pensée du critique anglais, il n'en restera pas moins marqué par son œuvre : les peintres qu'il aime, les cathédrales qu'il dessine dans les marges de ses cahiers, ont été désignés par Ruskin à son admiration. On les retrouvera disséminés dans toute la *Recherche*. Proust ira jusqu'à revendiquer cette influence dans les pages d'*Albertine disparue*, dont le héros, en vérité si différent de Proust – et sur tant de points –, erre dans Venise, seul, pour prendre « des notes relatives à un travail [qu'il faisait] sur Ruskin ».

Proust est profondément marqué par les œuvres de l'Anglais John Ruskin. Il les traduit, les préface et leur rend hommage dans la *Recherche*.

L'adieu aux siens

La disparition de son père, en 1903, et celle de sa mère, en 1905, sonnent pour Proust le glas de la jeunesse. Ce sont des années de tâtonnements qui commencent.

« Depuis la mort de mes parents je suis [...] moins moi-même, davantage leur fils. » (Proust, 1907)

Mort du père

Adrien Proust considérait son fils avec défiance : la carrière littéraire dans laquelle celui-ci s'engageait paraissait trop futile au professeur de médecine. Sans doute Marcel avait-il eu à cœur de lui prouver que l'on pouvait réussir honorablement dans cette voie : les traductions de Ruskin étaient, aussi, une tentative pour gagner l'estime de son père. Mais *La Bible d'Amiens* paraît après la mort d'Adrien Proust, à qui la préface est « tendrement dédiée ». Le mot « travail », qui revient deux fois dans la dédicace, montre bien quelle était, pour le défunt, la valeur primordiale, celle qu'il regrettait de ne pas voir illustrée par son fils.

Jeanne Proust.

Mort de « Maman »

La mort de sa mère, qu'il vénérait, laissa Proust anéanti pendant longtemps. Au lendemain de sa disparition, il écrit à ses amis des lettres déchirantes, impudiques: « Ma vie a désormais perdu son seul but, sa seule douceur, son seul amour, sa seule consolation. » Puis il se retire pour quelque temps dans une maison de santé.

En 1906, il confie à Maurice Barrès: « J'ai maintenant la double torture de penser [que Maman] a pu savoir, avec quelle anxiété, qu'elle me quittait, et surtout de penser que toute la fin de sa vie a été si affligée, si constamment préoccupée par ma santé. Cela, ce sera mon remords de tous les instants [...].»

Cette mort suggère à Proust l'idée que tous les enfants tuent leurs parents à petit feu. Il la développe en 1907 dans un article sur une affaire criminelle qui l'avait impressionné. Le fils d'un ami de ses parents venait d'assassiner sa mère, laquelle lui avait lancé dans son agonie: «Qu'as-tu fait de moi!» Dans les «Sentiments filiaux d'un parricide», Proust écrit ces phrases en pensant sans doute à son propre cas: «"Qu'as-tu fait de moi!" Si nous voulions y penser, il n'y a peut-être pas une mère vraiment aimante qui ne pourrait, à son dernier jour, souvent bien avant, adresser ce reproche à son fils. Au fond, nous vieillissons, nous tuons tout ce qui nous aime par les soucis que nous lui donnons, par l'inquiète tendresse elle-même que nous inspirons et mettons sans cesse en alarme.» La conclusion de Proust, jugée scandaleuse, fut censurée par *Le Figaro*: il y rappelait que, dans l'ancienne Grèce, rien n'était plus sacré que le tombeau d'un parricide. Songeait-il, alors, que son œuvre serait son tombeau?

Adrien Proust.

Hésitations

Depuis qu'il a laissé inachevé *Jean Santeuil*, Proust s'est essayé à divers travaux. Il a livré des articles aux journaux: chroniques mondaines, sur les salons de quelques princesses; essais critiques, plus ou moins liés à Ruskin, politiques, sur la séparation des Églises et de l'État (il est contre, mais pour des raisons... esthétiques). Il a, cependant, le sentiment de n'avoir pas donné sa pleine mesure. «Si je trouve que je n'ai pas de talent, écrit-il en 1907, [...] que mon style a pourri sans mûrir, en revanche je sais bien qu'il y a dans ce que je fais bien plus d'idées vraies, de choses senties, que dans presque tous les articles qu'on publie.»

La mort de ses parents est un tournant déterminant dans la vie de Marcel Proust. La douleur qu'il éprouve le bouleverse durant des mois, et le marque à jamais.

Les pastiches

Exercices de virtuosité, les pastiches représentent aussi, pour Proust, une manière de critique littéraire et d'apprentissage du style. C'est en imitant que l'on devient inimitable.

Marcel Proust vers 1891.

L'affaire Lemoine

Proust a toujours pratiqué l'art de l'imitation : dans sa correspondance, dans les salons, il pastiche le style des poètes, contrefait la voix de ses amis – son imitation de Montesquiou, était, paraît-il, fort drôle. Déjà, dans *Les Plaisirs et les Jours*, il donnait un pastiche* de Flaubert, et d'autres, plus discrets, de La Bruyère.

Pour mettre en œuvre ce rare talent, et lui conférer un vrai rôle littéraire, il choisit de faire raconter une même histoire par des écrivains différents.

L'affaire Lemoine défrayait alors la chronique. Cet ingénieur prétendait avoir découvert le secret de la fabrication du diamant à partir du charbon. La De Beers, propriétaire de mines de diamants, lui acheta ce procédé au prix fort. Mais la supercherie fut bientôt dévoilée et l'escroc condamné à six ans de prison.

Les pastiches du *Figaro*

De février 1908 à mars 1909, huit pastiches paraissent dans *Le Figaro*. Sous la plume de Proust, l'affaire Lemoine est tour à tour racontée par Balzac, Flaubert, Sainte-Beuve, Henri de Régnier, les Goncourt, Michelet, Faguet, Renan, Saint-Simon, et, dans des textes posthumes, par Maeterlinck, Chateaubriand et Ruskin. Dans ce dernier texte, Proust se met en scène, prouvant que, même dans l'autodérision, il vise juste. Il parle en effet de la « traduction que M. Marcel Proust a donnée [...], où d'adroits contresens ne font qu'ajouter un charme d'obscurité à la pénombre et au mystère du texte », et précise que « M. Proust toutefois ne paraît pas avoir eu conscience de ces contresens, car à plusieurs reprises dans des notes extrêmement fréquentes, il remercie avec effusion un directeur de théâtre, une demoiselle du téléphone et deux membres du comité de la Société des Steeple-Chase, d'avoir bien voulu lui éclaircir les passages qu'il n'avait pas compris ».

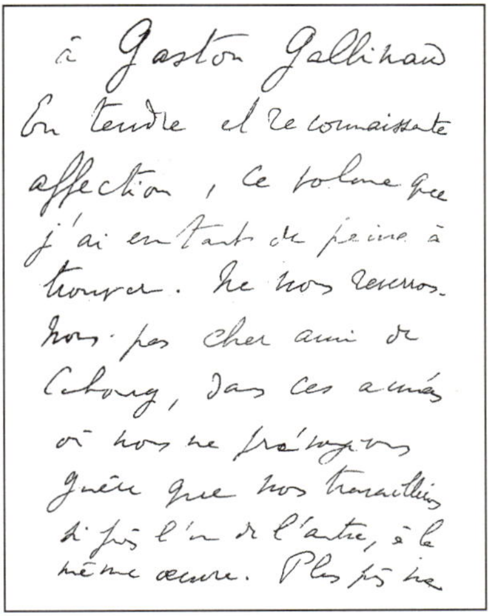
à Gaston Gallimard
En tendre et reconnaissante
affection, ce volume que
j'ai eu tant de peine à
trouver. Ne nous reverrons-
nous pas cher ami de
Cabourg, dans ces années
où nous ne prévoyions
guère que nous travaillerions
si près l'un de l'autre, à la
même œuvre. Plus près ne

Dédicace de Marcel Proust à Gaston Gallimard sur un exemplaire de *Pastiches et Mélanges* (1919).

De tous ces auteurs, il a su déceler les tics de langage et reproduire la voix. Cependant, il a fait à la fois œuvre de création et de critique. Car, en « démontant » le style d'un écrivain, ces textes, qu'il reprendra en volume en 1919, mêlés à des articles « sérieux » sous le titre de *Pastiches et mélanges*, sont de la « critique littéraire en action ».

Rôle de l'imitation

Proust était bien conscient de l'utilité des pastiches dans son apprentissage d'écrivain. « Il faut se purger du vice naturel d'idolâtrie et d'imitation. Et au lieu de faire sournoisement du Michelet ou du Goncourt en signant (ici les noms de tels ou tels de nos contemporains les plus aimables), d'en faire ouvertement sous forme de pastiches, pour redescendre à ne plus être que Marcel Proust quand j'écris mes romans. »

La Recherche elle-même est nourrie de pastiches, et c'est un des plaisirs de la lecture que de les découvrir. Le plus long d'entre eux, dans *Le Temps retrouvé*, est un extrait du *Journal* inédit des Goncourt.

Les pastiches révèlent un Proust joueur, jongleur, l'un des maîtres de la « littérature potentielle » où excelleront Queneau, Perec ou Calvino.

Contre Sainte-Beuve

En étudiant l'œuvre du grand critique littéraire Sainte-Beuve (1804-1869), Proust ne sait pas encore qu'il écrit déjà son roman. Comment la fiction naît de la critique…

« Et puis, après avoir critiqué les autres et lâchant cette fois Sainte-Beuve tout à fait, je tâcherais de dire ce qu'aurait été pour moi l'art, si… »

Les projets de 1908

Après la « purge » des pastiches*, Proust se sent d'attaque pour mener à bien une œuvre enfin personnelle. Les projets se pressent dans son esprit. En mai 1908, il confie à un ami qu'il a « en train […] une étude sur la noblesse / un roman parisien / un essai sur Sainte-Beuve et Flaubert / un essai sur les Femmes / un essai sur la Pédérastie (pas facile à publier) / une étude sur les vitraux / une étude sur les pierres tombales / une étude sur le roman ». En vérité, il n'a pas esquissé le quart de ces projets, et c'est surtout Sainte-Beuve qui l'occupe.

La méthode de Sainte-Beuve

À ses yeux, le critique des *Lundis* a eu un tort immense : il a voulu juger les œuvres en connaissant leurs auteurs. Il n'a pas vu que, si Baudelaire était bizarre, Stendhal modeste et Flaubert « bon garçon », leurs livres étaient géniaux. Proust considère au contraire qu'on peut être en même temps un personnage falot et un grand artiste – la *Recherche* le prouvera, qui met en scène Vinteuil, simple professeur de piano mais le plus grand musicien de son temps, ou Elstir, vulgaire chez les Verdurin et visionnaire dans son atelier.

Proust entreprend donc de réfuter la méthode de Sainte-Beuve, « qui consiste à ne pas séparer l'homme et l'œuvre, à considérer qu'il n'est pas indifférent pour juger l'auteur d'un livre […] d'avoir d'abord

Sainte-Beuve (1804-1869).

JEUNESSE MATURITÉ

répondu aux questions qui paraissent le plus étrangères à son œuvre (comment se comportait-il…), à s'entourer de tous les renseignements possibles sur un écrivain, à collationner ses correspondances, à interroger les hommes qui l'ont connu». Selon Proust, une œuvre doit se suffire à elle-même.

Marcel Proust à l'âge de 25 ans.

Un livre impossible ?

Proust hésite sur la forme que doit prendre son livre. Il ne veut pas d'un ouvrage trop purement critique, avec de longues notes érudites, comme dans ses traductions de Ruskin. Il essaye plusieurs voies. Ses cahiers d'esquisses* témoignent de ses tâtonnements : il veut faire un essai, puis un essai suivi d'une conversation avec sa mère, puis un essai mêlé à des passages de narration, puis un roman qui ressemble à un essai et où figure une conversation avec sa mère…

Vers la *Recherche*

On ne connaît aujourd'hui *Contre Sainte-Beuve* que par les brouillons qui ont été publiés en 1954 et 1971, et il est douteux qu'il en ait jamais existé de version achevée. Car le récit que Proust voulait associer à l'essai a, peu à peu, pris le dessus. À partir de 1810 Proust abandonne sa critique de Sainte-Beuve pour mieux se consacrer au roman qui s'est considérablement développé. *À la recherche du temps perdu* est né.

Sainte-Beuve aura joué le rôle d'un passeur, permettant à Proust de se détacher des travaux érudits (Ruskin) et ironiques (les pastiches), pour renouer avec la veine romanesque qu'il avait commencé à exploiter dans *Jean Santeuil*. Mais, cette fois, Proust est sur la bonne voie. Il a trouvé le rythme, le ton, et ce «je» qui va lui permettre de tout dire.

C'est par une critique des méthodes et des principes de Sainte-Beuve que Proust découvre ceux qui vont le guider dans l'écriture de son chef-d'œuvre.

À la recherche d'un éditeur

Dès 1909, Proust se met en quête d'un éditeur pour son roman. Son optimisme est vite déçu : on refuse de le publier, et lui-même est loin d'avoir fini d'écrire son livre.

« Un éditeur purement littéraire [...] aurait plus de chance de faire accepter des lecteurs un livre qui à vrai dire ne ressemble pas du tout au classique roman. » (Proust, 1912)

Refus polis

Comment être sûr de ne pas trouver d'éditeur ? En pratiquant, comme Proust, l'art d'inquiéter ses amis. Alors qu'il s'imagine avoir bientôt fini sa rédaction, il commence à chercher un éditeur. Chaque fois, il présente son roman en des termes si négatifs qu'ils ne peuvent encourager qui que ce soit à le publier. « Je termine un livre qui malgré son titre provisoire : *Contre Sainte-Beuve, Souvenirs d'une matinée* est un véritable roman et un roman extrêmement impudique en certaines parties. » À cette époque, l'impudeur n'est pas encore un argument de vente, mais un prétexte à procès.

Il fallait s'y attendre : le Mercure de France (qui a publié ses traductions de Ruskin), Fasquelle (qui publie Zola et Edmond Rostand), Ollendorff (chez qui paraissent les œuvres de Barrès ou de Maeterlinck), tous déclarent forfait.

Incompréhension

Mais il n'y a pas que l'« obscénité ». Le texte de Proust est d'une nouveauté telle qu'elle suscite l'incompréhension. On a conservé cette lettre du lecteur d'une maison d'édition qui venait de feuilleter le manuscrit* de Proust en 1911 : « Cher ami, je suis peut-être bouché à l'émeri, mais je ne puis comprendre qu'un monsieur puisse employer trente pages à décrire comment il se tourne et se retourne dans son lit avant de trouver le sommeil. J'ai beau me prendre la tête entre les mains, etc. »

Gallimard

Par-dessus tout, Proust aimerait que son livre paraisse aux jeunes éditions de la *Nouvelle Revue française* que dirige Gaston Gallimard. Depuis 1911, elles publient les livres de Claudel, Gide, Copeau, Ghéon, Rivière, Larbaud ou Saint-John Perse (qui s'appelle encore Saint-Léger Léger). Proust, qui rêve d'être de cette famille-là, communique son manuscrit à Gallimard. André Gide le lit et, rebuté par une faute de français qu'il y découvre, mal disposé à l'égard de son auteur qu'il prend pour un simple snob, le rejette.

Ce sera, dira-t-il plus tard, « la plus grave erreur de la *N.R.F.*, et (car j'ai cette honte d'en être beaucoup responsable) l'un des regrets, des remords, les plus cuisants de ma vie ».

Le dernier cahier du manuscrit d'*À la recherche du temps perdu*.

Grasset

Proust se tourne alors vers un autre jeune éditeur, Bernard Grasset. Sa maison a été fondée en 1907, et son catalogue ne compte encore aucune signature prestigieuse.

Grasset aurait accepté de publier le livre de Proust sans le lire : l'auteur ne proposait-il pas de payer lui-même les frais d'impression et de publicité? Mais l'éditeur saura bientôt reconnaître la valeur du roman qu'il publie et prendra à sa charge les frais de réimpression. *Du côté de chez Swann*, premier volume d'*À la recherche du temps perdu*, paraît le 14 novembre 1913, plus de cinq ans après l'abandon de *Contre Sainte-Beuve*. Proust a mis ces retards à profit pour augmenter et parfaire son ouvrage. Ce n'est plus un volume qu'il projette de publier, mais trois. Et il ne cesse d'écrire…

Proust essuie plusieurs refus de la part des éditeurs. *Du côté de chez Swann* est publié à compte d'auteur, en 1913.

À la recherche du temps perdu

Sans relâche, jusqu'au jour de sa mort, Proust travaille à son chef-d'œuvre. Roman au long cours, la *Recherche* raconte par quels détours une vie peut aboutir à la littérature.

Bernard Grasset (1881-1955).

Un roman

À la recherche du temps perdu ne constitue pas un cycle de romans, comme *La Comédie humaine* de Balzac ou *Les Rougon-Macquart* de Zola, mais un unique roman composé de plusieurs parties, publiées séparément et respectivement intitulées :

Du côté de chez Swann (1913)
À l'ombre des jeunes filles en fleurs (1919)
Le Côté de Guermantes (1920-1921)
Sodome et Gomorrhe (1921-1922)
La Prisonnière (1923)
Albertine disparue (1925 ; encore connu sous le titre : *La Fugitive*)
Le Temps retrouvé (1927).

Tous ces livres gagnent à être lus dans l'ordre de leur publication. Aucun de peut être compris indépendamment des autres.

Un roman, vraiment ?

On a prétendu que Proust écrivait ses Mémoires, qu'il égrenait des souvenirs. Il n'en est rien. « J'ai eu le malheur de commencer un livre par le mot "je", confiera Proust à un ami, et, aussitôt, on a cru qu'au lieu de chercher à découvrir des lois générales, je "m'analysais" au sens individuel et détestable du mot. » S'il s'est servi de certaines de ses expériences, c'est en les transfigurant pour leur donner valeur universelle. Marcel Proust ne se confond pas avec le personnage qui, dans le roman, dit « je ». Chaque événement de la vie de ce héros, que Proust lui-même et la critique sont convenus d'appeler le « Narrateur » (celui qui raconte), tend vers un but, est utile à une démonstration. Voilà la véritable intrigue de ce roman, son suspens : comment le temps agit-il sur les êtres, sur leur corps, sur leurs amours, sur leurs rêves ? Ce n'est pas un roman comme les autres : l'intrigue principale y est dissimulée, les épisodes secondaires – mais rien, chez Proust, n'est jamais vraiment secondaire – s'étendent parfois sur plusieurs centaines de pages. Les thèmes abordés sont nombreux ; ce sont ceux qui marquent le destin des hommes, de l'enfance à l'amour, de l'art à la mort, de la mémoire au temps. Pour autant, la gravité n'est pas le seul registre de Proust, qui sait également jouer de l'émotion, de la tendresse, de l'humour, de la farce. Œuvre complète, la *Recherche du temps perdu* résume et explique une époque, tout en en inaugurant une autre – les temps modernes.

« ... le détour de bien des années inutiles par lesquelles j'allais encore passer avant que se déclarât la vocation invisible dont cet ouvrage est l'histoire. » (*Le Côté de Guermantes*)

L'histoire d'une vocation

Tout ce temps perdu – c'est-à-dire passé, oublié – est reconquis par la mémoire et l'écriture. Dans le dernier volume, intitulé, précisément, *Le Temps retrouvé*, le Narrateur, jetant un dernier regard sur son existence, qu'il vient de raconter, avoue : « Ainsi toute ma vie jusqu'à ce jour aurait pu et n'aurait pas pu être résumée sous ce titre : Une vocation. »

Cette vocation, c'est celle de l'écrivain. Elle est difficile à discerner dans les détours d'une vie, parmi tous les événements, les amours, les drames, les dissipations, où elle se dilue. Dès son enfance, le héros, attiré par la littérature, rêve d'écrire. Il lui faudra attendre la dernière des trois mille pages que compte le roman pour comprendre que toutes les années qu'il croyait gâchées l'ont en fait conduit là où il voulait aller. Le héros devient alors Narrateur et commence à écrire son livre, au moment où Proust achève le sien.

Jusqu'à sa mort, l'écriture de la *Recherche* va occuper chaque moment de la vie de Proust.

Les manuscrits

Des cahiers par dizaines, des milliers de pages, des épreuves corrigées sans fin : Proust n'a pas écrit son livre une fois, mais plusieurs. Les esquisses* de la *Recherche* sont un vrai trésor d'archéologue.

Marcel Proust vers 1902.

Les cahiers

Proust n'a pas écrit la *Recherche* d'un seul et unique jet. Entre les premiers textes de 1908 et leur version définitive, de nombreuses années se sont écoulées, des personnages nouveaux ont été introduits dans le roman, les événements historiques, même, ont modifié son cours (la guerre de 14-18 a ainsi été intégrée peu à peu dans un livre qui, selon son plan initial, ne la prévoyait pas).

Tous ces tâtonnements, tout ce travail d'écriture est consigné dans des documents captivants pour qui veut comprendre comment a pu naître le chef-d'œuvre.

Proust écrivait sur des cahiers d'écolier. Le cabinet des Manuscrits de la Bibliothèque nationale de France, qui a acquis la plupart des manuscrits* de la *Recherche*, possède soixante-quinze de ces cahiers. On n'y trouve pas un récit suivi, cohérent, chronologique, mais des morceaux interrompus, des scènes reprises dix fois, des fragments. Proust travaillait comme un cinéaste qui filme les scènes dans le désordre, avant de les monter. Il prétendait d'ailleurs avoir écrit la dernière page de son livre aussitôt après la première, ce qui n'est pas tout à fait exact mais bien typique de sa méthode de composition. Lorsqu'il avait suffisamment perfectionné ses textes, il les assemblait donc dans un manuscrit au net (la Bibliothèque nationale en détient vingt-sept volumes).

Les paperoles

Une fois que Proust était satisfait de son texte manuscrit, il le faisait dactylographier, puis le corrigeait abondamment: il ne se contentait pas de supprimer ou d'ajouter un mot, mais réécrivait entièrement certaines pages, biffait de longs passages, modifiait les noms des personnages, déplaçait des épisodes d'un bout à l'autre du roman. Les épreuves* que lui fournissaient les imprimeurs subissaient le même sort: Proust y collait des béquets, ces longues bandes de papier qu'il appelait des «paperoles*», et qui pouvaient atteindre ou dépasser le mètre, sur lesquelles il notait des ajouts.
Jamais satisfait de son texte, Proust le modifiait encore après sa parution: on a conservé ses exemplaires personnels sur lesquels il a noté de nouvelles corrections.

«Épinglant ici un feuillet supplémentaire, je bâtirais mon livre, je n'ose pas dire ambitieusement comme une cathédrale, mais tout simplement comme une robe.» (*Le Temps retrouvé*)

Genèse*

Les documents de la Bibliothèque nationale ont offert aux chercheurs un extraordinaire champ d'études.
La critique «génétique», qui étudie les brouillons des grands textes littéraires, a fait son profit de cette masse d'informations: des épisodes entiers, qui avaient été sacrifiés par Proust, ont été exhumés; des passages abandonnés ont permis d'expliquer certaines obscurités du texte publié. C'est sur ce «chantier» qu'ont été édifiées les éditions critiques du texte de Proust publiées à la fin des années 80.

Comprendre l'écriture de la *Recherche*, c'est aussi se perdre dans le labyrinthe de versions successives, collationner des manuscrits auxquels s'accrochent de multiples «paperoles».

Du côté de chez Swann

C'est la saveur d'une madeleine trempée dans une tasse de thé qui rappelle au Narrateur les souvenirs de son enfance. Ainsi, modestement, commence le plus grand roman de la littérature française.

Illiers, château de Tansonville qui est pour Proust le « côté de chez Swann ».

Structure

Formé de trois chapitres inégaux, *Du côté de chez Swann* surprend par sa structure bancale. Elle ne se comprend que replacée dans l'architecture générale de la *Recherche*.
La première partie, « Combray », consacrée aux séjours du héros, enfant, dans un bourg de province, est marquée par des promenades, des lectures, des portraits de familiers, et par la personnalité d'un voisin, M. Swann. Le « côté de chez Swann » est l'une des deux directions que prennent le héros et ses parents dans leurs promenades. L'autre, opposée, est « le côté de Guermantes ».
Le deuxième chapitre, « Un amour de Swann », conte la passion de Swann pour Odette, une cocotte qu'il finit par épouser : c'est l'étude des voies qu'emprunte l'amour pour s'imposer au cœur d'un homme. La troisième partie, située à Paris, évoque les rêveries du héros sur les noms des villes, ses jeux avec Gilberte aux Champs-Élysées et avec Mme Swann.

« Un roman à la fois plein de passion et de méditation et de paysages. » (Proust, 1913)

L'enfance

Proust peint l'enfance comme un moment d'émerveillement. Mais le spectacle de la nature, des fleurs, des rivières, confronté à la mesquinerie des hommes, révèle la cruauté du monde. L'enfance n'est pas synonyme d'innocence: la sensualité des enfants est souvent affirmée. Le Narrateur désire sa voisine Gilberte ou s'adonne au plaisir solitaire.

Jamais, avant Proust, on n'avait accordé autant d'importance à l'enfance dans la formation morale, sentimentale et intellectuelle d'un héros de roman. En montrant que tout se joue dans les premières années de l'existence, Proust rejoint sans le savoir les théories de Freud – qui étaient encore inconnues en France.

Charles Haas. Il aurait inspiré le personnage de Swann.

Un amour de Swann

Situé avant la naissance du Narrateur, l'épisode consacré aux amours de Swann et Odette est à la fois un roman parisien (le milieu des Verdurin, snobs et artistes, est dépeint avec vérité et cocasserie), et un classique petit roman « à la française », dans la tradition de Fromentin ou de Benjamin Constant. L'étude de la jalousie à laquelle se livre Proust prépare cependant celle, plus développée, qui sera faite à propos d'Albertine. Cet « amour de Swann » est une introduction à toutes les amours proustiennes, qui se plieront aux mêmes lois.

L'accueil

S'il n'eut pas le succès qu'il méritait, *Du côté de chez Swann* fut cependant remarqué par les écrivains et les critiques de 1913. On trouva le volume trop long, le style « surchargé », confus, mais on reconnaissait du talent à son auteur, un rare don d'observation et d'analyse. Rachilde, dans le *Mercure de France*, refusa de boire ce « soporifique », quoique le livre fût « rempli à déborder de choses délicieuses ». En dehors des amis de Proust, Jean Cocteau et Lucien Daudet, rares furent ceux qui décelèrent la nouveauté de l'ouvrage. Le plus clairvoyant fut un Italien, Lucio D'Ambra : « Souvenez-vous de ce nom et de ce titre [...]. Dans cinquante ans, nos petits-enfants retrouveront sans doute l'un et l'autre aux côtés de Stendhal, du *Rouge et le Noir* et de la *Chartreuse* ».

Avec *Du côté de chez Swann* commence la *Recherche du temps perdu.* L'originalité de la démarche et du style est évidente et les grands thèmes du roman se dessinent.

La guerre

En suspendant la publication du roman de Proust, la guerre de 14-18 lui laisse le temps de l'augmenter encore, d'introduire de nouveaux personnages, de nouveaux épisodes.

« Si la *N.R.F.* m'a offert de me faire paraître tout de suite, j'ai dit que je préférerais ne paraître qu'après la Paix. » (Proust, 1916)

Agostinelli

Le 30 mai 1914, un monoplan s'abîme au large d'Antibes. Son pilote, Alfred Agostinelli, ne survivra pas.

Proust a connu Agostinelli à Cabourg, où le mécanicien le conduisait en automobile dans les villes de la côte normande. Ils se sont revus à Paris, où Proust l'a engagé comme secrétaire. Quand le jeune homme a pris ses distances, Proust a voulu le retenir par de fastueux présents : il allait lui offrir un aéroplane lorsqu'il apprend sa mort.

« Un être que j'aimais profondément est mort à vingt-six ans noyé, écrit Proust, j'ai dû faire chercher le corps pendant dix jours, et je ne peux plus que pleurer avec sa veuve, j'ai ajourné la publication de mon second volume n'ayant pas la force de corriger des épreuves*. »

Dans sa douleur, Proust ne cesse de créer. Un nouveau personnage apparaît dans les cahiers d'esquisses* de la *Recherche*, Albertine, dont le Narrateur sera amoureux, et qui exaspérera sa jalousie dans *La Prisonnière* et *Albertine disparue*.

Monocoque Morane Saulnier.

Contretemps

Au début de 1914, Proust espère que la suite de son roman n'occupera que deux volumes, *Le Côté de Guermantes* et *Le Temps retrouvé*, dont il annonce la parution imminente. La mort d'Agostinelli et la déclaration de guerre, en juillet, contrarient ce projet. Mobilisé, Grasset doit interrompre ses activités. Une fois de plus, Proust profite de ce contretemps pour améliorer, corriger, ajouter.

Tout lui sert, à commencer par la guerre. Ce conflit, qui marque la véritable fin du XIXe siècle, trouve sa place naturelle dans la *Recherche*. Ainsi peut-on lire, dans *Le Côté de Guermantes*, des considérations sur la stratégie militaire que Proust recopie dans les journaux de l'époque. Certaines pages du *Temps retrouvé* décrivent Paris pendant les bombardements. Des personnages – Saint-Loup – vont mourir au combat, pendant que Combray sera sur la ligne de front. Mais la Grande Guerre représente surtout cette profonde coupure entre les époques qui permet au Narrateur vieillissant d'examiner son passé dans la perspective des années englouties.

Gaston Gallimard.

Gallimard, enfin

On disait que la guerre ne durerait pas ; elle s'éternise. Proust s'inquiète alors pour le sort de son œuvre. Avant même le début des hostilités, Gide, qui avait compris son erreur, avait offert à Proust de publier la suite de son roman aux éditions de la *NRF*.

Grasset éloigné de ses affaires, les démarches de la *NRF* reprennent. En 1916, Gaston Gallimard écrit à Proust : « Si votre second livre est prêt [...] je suis prêt à le faire imprimer demain, à le mettre en vente dans un mois. » Grasset, cette fois, est impuissant à retenir Proust, qui justifie ainsi sa décision de le quitter : « Ma santé me fait craindre tout ce qui peut retarder trop ou même hasarder tout à fait la mise à l'abri (hors de mon cerveau fragile et blessé), dans un livre qui peut-être me survivra, de tout ce que j'ai le plus intimement pensé et senti. »

L'interruption causée par la Première Guerre mondiale se révèle bénéfique : l'œuvre prend de l'ampleur et Proust rejoint la *NRF*.

À l'ombre des jeunes filles en fleurs

C'est avec *À l'ombre des jeunes filles en fleurs*, publié aux éditions de la *NRF*, que Proust connaît enfin la célébrité. Le 10 décembre 1919, son livre est couronné par le prix Goncourt.

Cabourg : la plage et le Grand-Hôtel.

L'amour des jeunes filles

À l'ombre des jeunes filles en fleurs commence là où s'interrompait *Du côté de chez Swann*, « Autour de Mme Swann » (titre du premier chapitre). Le Narrateur raconte ses amours avec Gilberte, mais présente aussi de nouveaux personnages : un diplomate, Norpois, et un écrivain, Bergotte. L'enfant commence sa carrière mondaine dans le salon d'Odette. Au théâtre, il va voir une grande comédienne, la Berma. Il s'interroge sur la réalité de la beauté et sur la signification de l'art.

Mais c'est la seconde partie du livre, « Noms de pays : le pays », qui laisse la plus vive impression. Le Narrateur, en vacances à Balbec, petite cité balnéaire de Normandie, fait la connaissance, chez le peintre Elstir, d'une bande de jeunes filles dont l'impertinence le séduit : Albertine, Andrée, Gisèle. L'évocation de la vie aux bains de mer, le portrait sensuel des jeunes filles, une certaine poésie suggestive ont charmé.

Les personnages

L'art de peindre les personnages n'est pas moins frappant. Proust ne fait jamais de portraits définitifs, à la manière d'un Balzac : ses personnages changent, évoluent, et ne sont reconnaissables que par l'addition des aspects successifs qu'ils ont présentés au Narrateur. Ces modifications peuvent affecter jusqu'à leur apparence physique : ainsi, Albertine est si changeante que le Narrateur voit un grain de beauté qu'elle a sur la lèvre se déplacer sur son visage selon les jours et les éclairages.

Le mystère des personnages doit être conservé longtemps, car dans le roman comme dans la vie, nous ne connaissons pas tout d'un être à la première rencontre. Aussi, les manières étranges de M. de Charlus, de Saint-Loup, de Mme de Villeparisis, qui nous sont présentés dans ce volume, déconcertent le Narrateur comme le lecteur. Leur conduite ne sera expliquée, par leurs mœurs, leurs amours ou leur snobisme, que dans les volumes suivants.

Scène de la vie mondaine : Proust au tennis en 1892.

Le prix Goncourt

Publié en juin 1919, le livre de Proust n'a pas eu meilleure presse que *Du côté de chez Swann*. Avec le prix Goncourt, il va même s'attirer des insultes. Pendant toute la durée de la guerre, le prix Goncourt avait été décerné à des romans de soldats. Peu importait la qualité ; il fallait que l'auteur eût combattu.

Au lendemain de l'armistice, le jury Goncourt entend tourner la page et distinguer un roman dont la valeur littéraire est indéniable. Par six voix sur dix, il choisit les *Jeunes Filles en fleurs*. La presse se déchaîne, accusant l'académie Goncourt d'avoir couronné un « vieux » (Proust a 48 ans), qui n'a pas fait la guerre, alors qu'elle pouvait porter ses suffrages sur *Les Croix de bois* de Roland Dorgelès, chef-d'œuvre du roman de tranchée. « Place aux vieux ! » titre-t-on. On accuse Proust d'avoir soudoyé le jury avec des billets de banque et des cigares, d'avoir obtenu les votes de la droite (quand Proust, dreyfusard, ne s'est jamais déclaré pour ce camp).

Au lendemain du prix Goncourt, Proust apparaît comme l'un des premiers écrivains de l'époque, consacré, admiré et fêté par ses pairs, traduit en plusieurs langues.

Le Côté de Guermantes

Le Côté de Guermantes consacre la fin de l'adolescence et l'entrée du Narrateur dans la société. Proust s'y fait moraliste et satiriste.

« J'ai toujours eu soin, quand je parlais des Guermantes, de ne pas les considérer en homme du monde, [...] mais avec ce qu'il peut *y avoir de poésie dans le snobisme.* »

La vie parisienne

Rythmé par trois grandes scènes mondaines, *Le Côté de Guermantes* est marqué par l'ascension du Narrateur dans les cercles aristocratiques parisiens. Chez Mme de Villeparisis, d'abord, puis chez Mme de Guermantes, le héros fréquente des salons de plus en plus brillants. Il assiste à une soirée à l'Opéra, fréquente les coulisses d'un théâtre, s'éprend de Mme de Guermantes et guette son passage dans la rue, dîne dans les meilleurs restaurants, revoit Albertine. Bref, il mène la vie parisienne de la Belle Époque.

C'est une stupéfiante galerie de portraits, où tous les ridicules du temps sont fustigés : insolence de Bloch, suffisance de Norpois, snobisme de Legrandin, égoïsme de Saint-Loup, cruauté de Rachel, folie de Charlus, etc. À côté des pécheurs, les saintes (car ce rôle est dévolu aux femmes) : sacrifice de Mme de Marsantes, esprit de Mme de Guermantes, bonhomie de Françoise, délicatesse de la grand-mère. Proust, ici, concurrence l'un de ses écrivains préférés, Saint-Simon.

***Le cercle de la rue Royale en 1867* par James Tissot.**

Féerie

Mais dans ce volume satirique, le plus varié du point de vue de l'inspiration, la poésie n'est pas absente. Elle y est synonyme de féerie. Dans les loges de l'Opéra, les spectateurs sont des monstres marins. C'est la magie d'une soirée de

ci-contre :
la comtesse Greffulhe.

brouillard à Paris, d'une matinée de printemps dans les vergers fleuris de la banlieue. Un simple appel téléphonique se transforme en dialogue avec des êtres mythologiques.

Doncières, ville de garnison où le héros rend visite à son ami Saint-Loup, apparaît comme un lieu enchanté : le sommeil, la nuit, l'hiver, tout s'y pare de vertus merveilleuses. L'hôtel même où est descendu le héros est un « féerique domaine ». Et les conversations sur la stratégie militaire prennent la valeur d'un art, d'une philosophie !

Le snobisme

Mais la poésie est d'abord celle des noms propres, fondements et clés du snobisme du héros. Que celui-ci soit parfois snob n'implique pas que tout le roman le soit. « C'est le contraire d'un livre snob que *Guermantes*, dit Proust, car quand un snob écrit un roman il se représente comme un homme chic et prend un air moqueur à l'endroit des gens chic. La vérité c'est que par la logique naturelle après avoir confronté à la poésie du nom de lieu Balbec la trivialité du pays Balbec, il me fallait procéder de même pour le nom de personne Guermantes. » Si le Narrateur est émerveillé par les aristocrates, c'est parce que leur nom, évoquant les légendes, l'histoire, le passé de la France, lui permet de poursuivre le rêve de son enfance et d'entrevoir de ses yeux la profondeur du temps.

Enfin, Le *Côté de Guermantes* est le livre où apparaît la mort. À l'issue d'une maladie et d'une agonie décrites avec naturalisme, la grand-mère du Narrateur s'éteint. Elle est, dans la *Recherche*, le premier personnage à disparaître. Elle emporte avec elle l'enfance du héros.

Le *Côté de Guermantes* est le troisième volume de la *Recherche.* Elle y prend de nouveaux chemins et s'ouvre sur de nouvelles perspectives.

Sodome et Gomorrhe

Quand Proust parlait de l'« indécence » de son livre, il pensait à *Sodome et Gomorrhe*. Les cités bibliques, anéanties par la colère divine, ont prêté leur nom au plus « scandaleux » des volumes de la *Recherche*.

« Vous savez que j'ai fâché beaucoup d'homosexuels par mon dernier chapitre. [...] Mais ce n'est pas ma faute si M. de Charlus est un vieux monsieur, je ne pouvais pas brusquement lui donner l'aspect d'un pâtre sicilien. » (Proust, 1921)

Le livre des révélations

Avec *Sodome et Gomorrhe*, le Narrateur s'approche un peu plus de la vérité des personnages. M. de Charlus, qui avait une attitude si bizarre, mélange de séduction et de courroux, y révèle sa vraie nature: c'est une « tante ». Proust analyse longuement ses relations avec Jupien, un giletier, et Morel, un violoniste, dont Charlus est épris. L'abject se mêle au pathétique.

En même temps, le héros commence à avoir quelques doutes sur les mœurs d'Albertine, avec qui il est devenu très intime et qu'il projette d'épouser. Le comportement de la jeune fille, certains silences, certaines remarques insinuent dans son esprit le poison du doute, premier aliment de la jalousie.

Robert de Montesquiou: il aurait inspiré le personnage de Charlus.

Les lieux ont déjà été évoqués dans les volumes précédents: Paris, pour une grande scène mondaine, apothéose du snobisme dans la *Recherche*, chez la princesse de Guermantes; Balbec, pour un second séjour. Les Verdurin sont en villégiature à La Raspelière, sur la côte normande: ils offrent le même spectacle de snobisme artiste et sectaire qu'à l'époque d'« Un amour de Swann ».

La « race maudite »

On a reproché à Proust d'avoir trop insisté sur l'homosexualité de ses personnages: il est vrai que, vers la fin, tous ou presque sont, deviennent ou ont été des invertis* (Proust, lui-même, n'a sans doute jamais connu l'amour d'une femme, en dehors de celui, très chaste, de sa mère). Il a toujours affirmé qu'il n'était pas responsable de cette évolution: « Mes personnages ne tournent pas bien; je suis bien obligé de les suivre là où me mène leur défaut ou leur vice aggravé. »

André Gide.

Ce qui fascine Proust, c'est la dualité, la multiplicité des humains. Les « hommes-femmes, descendants de ceux des habitants de Sodome qui furent épargnés par le feu du ciel », sont des êtres à la personnalité plus riche, plus complexe, plus ambiguë, et donc plus intéressante à étudier.

Accueil

À sa parution, en 1921 (*Sodome I*) et 1922 (*Sodome II*), le livre a choqué. Les catholiques, qui étaient déjà embarrassés de ne trouver chez Proust aucune conscience religieuse, se déchaînèrent.

Paul Claudel eut des mots violents pour flétrir l'œuvre du « Juif sodomite » (Proust lui-même rapproche les Juifs des homosexuels, tous appartenant à des « races maudites »). D'autres, comme Gide, qui partageaient ces mœurs mais pas leur analyse, reprochèrent à Proust de n'avoir montré l'homosexualité que sous des dehors grotesques: « La lâcheté générale aidant, je ne connais aucun écrit qui, plus que la *Sodome* de Proust, soit capable d'enfoncer l'opinion dans l'erreur. » Ainsi, Proust mécontenta tout le monde.

Dans *Sodome et Gomorrhe*, Proust dévoile la vérité de ses personnages. Le livre choqua le public et s'attira les foudres de la critique.

Proust en gloire

Consacré classique de son vivant, Proust est rattrapé par la mort au moment où il comprend que son œuvre, inachevée, lui survivra tout de même.

Un maître

Dès 1914, Proust avait été accueilli par la *Nouvelle Revue française* qui avait publié en avant-première des pages détachées des *Jeunes Filles*. Après la guerre, son nom paraît souvent au sommaire de la revue, désormais dirigée par Jacques Rivière. Il donne des extraits de son œuvre inédite, et des articles importants sur Flaubert ou Baudelaire, qui montrent que la veine critique du *Contre Sainte-Beuve* ne s'est jamais épuisée en lui.
Il apparaît désormais comme un maître. On parle de lui à Londres, à New York, à Rome, à Madrid. De jeunes écrivains se rapprochent de lui : André Breton, François Mauriac, Jean Giraudoux ou Paul Morand, qui lui demande une préface pour un recueil de nouvelles. Les journaux se disputent sa signature, s'informent de son avis sur tout: à propos de l'utilité des cabinets de lecture ou de la fin du monde.

Logotype de la *Nouvelle Revue française*.

Vie quotidienne

Proust, lui, ne change pas de vie. Il écrit dans son lit, allongé, des heures durant. Il ne sort que tard, le soir, pour aller dîner au Ritz ou rendre visite à des amis qu'il réveille au cœur de la nuit. Il assiste à quelques spectacles, visite de rares expositions: sa dernière sortie, en mai 1921, sera pour aller revoir la *Vue de Delft* de Vermeer exposée à Paris.
Infatigable épistolier, il communique avec le monde extérieur par le biais de longues lettres qu'il écrit de sa main, ou qu'il dicte à ses secrétaires successifs ou à celle qui, depuis 1913, est sa gouvernante, Céleste Albaret.
La musique ayant pris dans sa vie une importance crois-

« On l'enterra, mais toute la nuit funèbre, aux vitrines éclairées, ses livres, disposés trois par trois, veillaient comme des anges aux ailes éployées et semblaient pour celui qui n'était plus, le symbole de sa résurrection. » (*La Prisonnière*, mort de Bergotte.)

Proust sur son lit de mort
par Dunoyer de Segonzac.

sante, il s'abonne au « théâtrophone », procédé permettant d'entendre chez soi, par téléphone, les concerts et les opéras des principales salles de Paris. À plusieurs reprises, il fait venir dans son appartement des musiciens qui jouent, pour lui seul, le *Quatuor* de César Franck ou les derniers quatuors de Beethoven.

Mort de Proust

Le 21 novembre 1922, Proust, à bout de forces, s'éteint au terme d'une brève agonie. C'est une pneumonie, qu'il a refusé de traiter par des remèdes efficaces (il défend qu'on fasse du feu dans sa cheminée), qui l'a terrassé. Il est inhumé le 22, au cimetière du Père-Lachaise. Deux mois après sa mort, la *Nouvelle Revue française* consacre un numéro d'hommage à Marcel Proust, où l'on relève les signatures de Maurice Barrès, Philippe Soupault, Léon-Paul Fargue, Valery Larbaud, Jean Cocteau, Paul Morand, Paul Valéry, André Gide. Toute la littérature française de l'époque – ou peu s'en faut – est là.

« Marcel Proust est mort, écrit Jacques Rivière. Mais il faut que l'entourent et l'assiègent avec insistance et fidélité, dès maintenant, la curiosité, la tendresse, la reconnaissance de tous ceux pour qui se comprendre et comprendre l'homme sont les seules occupations qui aient un sens dans cette vie. »

À la fin de sa vie, Proust connaît l'admiration de ses contemporains, et des artistes étonnamment différents lui rendent hommage.

Les volumes posthumes

Après la mort de Proust, la *NRF* annonce que « l'œuvre existe dans sa totalité » et que « l'écrivain lui-même la considérait comme achevée ». Mais de quel achèvement parlait-on ?

Problèmes d'édition

Proust était le seul à pouvoir se retrouver dans la pile de ses manuscrits*, composés de morceaux découpés dans ses cahiers d'esquisses*. Certes, un manuscrit plus ou moins complet et des dactylographies lacunaires existaient pour les volumes posthumes. Mais les questions soulevées étaient nombreuses : la plupart n'ont toujours pas reçu de réponse. Il faut accepter l'idée que l'œuvre de Proust est à la fois finie – car il a bien inscrit de sa main le mot « FIN » sur le dernier feuillet du dernier cahier – et inachevée – car il n'a pas eu le temps de pratiquer, comme pour les volumes précédents, les remaniements, les corrections indispensables à la cohérence de l'ensemble.

Ceux qui furent chargés de publier les dernières parties de son œuvre, Jacques Rivière, Robert Proust ou Jean Paulhan, se heurtèrent à des difficultés peu communes. Les solutions qu'ils adoptèrent peuvent toujours être remises en cause, et l'ont souvent été.

Proust en 1921.

Albertine disparue ou *La Fugitive* ?

Si *La Prisonnière* ne pose pas de problèmes insurmontables, il n'en va pas de même pour *Albertine disparue*, dont le titre même a varié. Proust voulait intituler ce livre *La Fugitive*, qui était le pendant de *La Prisonnière*. Mais la traduction d'un recueil de poèmes de Rabindranâth Tagore venait de paraître sous ce titre, et, pour éviter les méprises, Proust préféra intituler son livre *Albertine disparue*. En 1954, lorsque la « Bibliothèque de la Pléiade » publia la première édition critique de la *Recherche*, les éditeurs estimèrent que le livre de Tagore avait sombré dans l'oubli, et qu'il fallait rendre le titre *La Fugitive* à celui de Proust.

Les responsables des diverses éditions de la *Recherche* publiées dans les années 80 sont revenus à *Albertine disparue*, après qu'on eut retrouvé une dactylographie du volume corrigée par Proust et sur laquelle il avait inscrit ce titre ; la volonté de l'auteur a primé. Mais cette dactylographie a engendré de nouvelles polémiques : Proust y avait en effet barré d'un trait de plume la plupart du volume. Les discussions sur la signification de son geste son encore ouvertes.

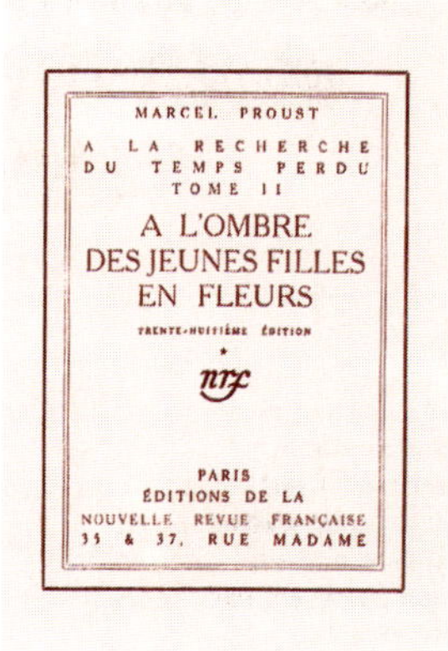
MARCEL PROUST

A LA RECHERCHE DU TEMPS PERDU

TOME II

A L'OMBRE DES JEUNES FILLES EN FLEURS

TRENTE-HUITIÈME ÉDITION

nrf

PARIS

ÉDITIONS DE LA NOUVELLE REVUE FRANÇAISE

35 & 37, RUE MADAME

Le premier prix Goncourt décerné à un auteur des Éditions de la *NRF* (1919).

Le Temps retrouvé reperdu ?

Enfin, *Le Temps retrouvé*, volume fort chaotique, parfois composé de morceaux détachés qui s'enchaînent à peine, a tendu une dernière couronne d'épines aux éditeurs de Proust. Il n'a pas fallu seulement déchiffrer l'écriture de l'auteur, parfois très confuse, mais décider de la frontière qui séparait ce volume d'*Albertine disparue*. Sur le manuscrit, en effet, on ne note aucune rupture dans le texte, pas même un alinéa entre les deux parties.

Peccadilles

À cela, il faut ajouter les absurdités dues à l'état d'inachèvement du manuscrit. Certains personnages changent de nom d'une page à l'autre, car Proust ne s'était pas décidé ou avait écrit divers passages du même texte à des époques différentes. Ainsi, Morel s'appelle parfois Saintois. Il arrive qu'un long passage soit repris presque mot à mot à deux endroits différents, sans que l'on puisse savoir avec certitude où Proust comptait le maintenir. Enfin – et c'est peut-être le plus fâcheux ou le plus merveilleux – un personnage décédé peut ressusciter : Bergotte.

> Le dessein de Proust était assez clair, la structure de son œuvre assez rigide pour qu'en dépit des incohérences et de l'inachèvement des manuscrits, son sens et sa beauté paraissent intacts.

La Prisonnière et *Albertine disparue*

Les deux volumes du cycle d'Albertine sont une impitoyable étude de la passion amoureuse, de la jalousie, de l'oubli. Jamais Proust n'est allé plus loin dans l'analyse du cœur humain.

« Le chemin de communication privé, secret, ouvert comme une blessure, sur la vie des autres qu'est la jalousie. » (Proust, esquisse de *La Prisonnière*)

La possession et la perte

On l'a dit, la symétrie des deux parties du cycle d'Albertine devait à l'origine se répercuter jusque dans leurs titres : *La Prisonnière* et *La Fugitive*. Rien de plus clair, de plus générique, de moins allusif : on est loin, ici, des titres poétiques ou symboliques des volumes précédents. Le premier volume raconte comment le Narrateur, amoureux et jaloux d'Albertine, a voulu emprisonner la jeune fille pour être sûr qu'elle ne le trompe pas. Le second volume, après qu'Albertine s'est échappée, après que le Narrateur a appris sa mort, décrit la douleur de la perte, les progrès de l'oubli, la guérison. Deux épisodes annexes fournissent un point de fuite à cette histoire : dans *La Prisonnière,* Charlus, vieillisant, trahi par Morel, est chassé d'une soirée chez les Verdurin. Dans *Albertine disparue*, le Narrateur, abandonné par Albertine, visite Venise et recherche, à chaque coin de ruelle, le souvenir de son amour perdu.

La jalousie

À l'origine, *La Prisonnière* et *Albertine disparue* devaient s'intituler *Sodome et Gomorrhe III.* Dans l'esprit de Proust, en effet, ils ne constituent que la suite et la résolution des motifs déjà exposés dans le volume précédent, avec lequel ils forment un véritable traité de l'amour.

L'amour proustien s'apparente presque exclusivement à l'amour passionnel, et celui-ci s'exprime d'abord dans la jalousie. Entre les tortures et les chagrins qu'elle éveille, elle est le véritable but de l'amour, la preuve qu'il se donne à lui-même de son existence.

Venise,
Rio Canonenses,
1914.

Comme l'Othello de Shakespeare, le Narrateur, jaloux, se saisit du moindre indice – une bague, un mot entendu, un regard – pour échafauder un conte qui avive son malheur. Mais, dit Proust, « c'est étonnant comme la jalousie, qui passe son temps à faire des petites suppositions dans le faux, a peu d'imagination quand il s'agit de découvrir le vrai. »

La maladie de la vérité

Car c'est l'explication de cette maladie qu'est la jalousie, et ce qui explique qu'elle ait autant intéressé Proust : elle est une recherche passionnée de la vérité.

Le cycle d'Albertine est le récit d'une longue et minutieuse enquête : le Narrateur n'interroge pas seulement ses souvenirs, mais, comme un détective, les documents, les empreintes, les témoins – ceux qui ont connu Albertine, ses amies de la « petite bande ». Il va jusqu'à charger quelqu'un de recueillir des renseignements sur elle. Rien n'y fait. La jalousie paraît la damnation qu'a lancée Dieu à l'homme avide de goûter au fruit de la connaissance.

Que pouvons-nous connaître d'autrui, de ses sentiments, de ses actions, de son passé ? Dans cette folle poursuite, que Proust présente comme la fatalité de tout amour, seuls triomphent le doute et l'oubli. Le pessimisme de Proust veut en effet qu'on ne puisse jamais savoir la vérité sur ceux qu'on aime, et que la passion ne soit jamais vaincue par la raison, mais par le temps.

La Prisonnière et *Albertine disparue* forment avec *Sodome et Gomorrhe* une sorte de traité de l'amour proustien et mettent à jour le rôle fondamental de la jalousie.

Le Temps retrouvé

Conclusion et couronnement d'*À la recherche du temps perdu*, *Le Temps retrouvé* dénoue tous les fils de l'intrigue et consacre l'œuvre littéraire comme seule vérité possible, éternelle et universelle.

« Sans doute mes livres eux aussi, comme mon être de chair, finiraient un jour par mourir. Mais il faut se résigner à mourir. [...] La durée éternelle n'est pas plus promise aux œuvres qu'aux hommes. » (*Le Temps retrouvé*)

Le dénouement

Le Temps retrouvé est le livre des ruptures, des accélérations et des éclaircissements. À la fin d'*Albertine disparue*, le Narrateur finissait d'oublier Albertine à Tansonville, chez Gilberte Swann, désormais femme de Saint-Loup. Cette scène se poursuit dans *Le Temps retrouvé* où le Narrateur lit un volume inédit du *Journal* des Goncourt dans lequel il est question du salon des Verdurin : il apprend ainsi qu'il n'a pas compris ces gens, qu'il est passé à côté de ce qu'ils pouvaient lui apporter, qu'il n'aurait su faire leur portrait fidèle. Cette découverte lui prouve qu'il n'a pas de « dons pour la littérature ».

Puis le héros se retire pendant plusieurs années dans une maison de santé, loin de Paris. Cet éloignement temporel et spatial va permettre à Proust d'étudier les effets du temps sur les êtres. Il retourne à deux reprises dans la capitale avant la fin de la guerre. C'est l'occasion pour Proust d'observer les modes nouvelles et l'attitude des personnages de son roman face au conflit. Les uns ont déserté, d'autres, qui étaient dreyfusistes, sont devenus nationalistes, d'autres encore (Charlus) s'enfoncent dans cette nuit de destruction et de mort, où leur vice s'épanouit.

Le Temps

Mais la grande scène qui justifie le titre du *Temps retrouvé*, c'est une matinée chez la princesse de Guermantes. Bien des années se sont écoulées. Le Narrateur, de retour à Paris, est invité à une réception avec tous les personnages qu'il a connus dans sa jeunesse. Il ne les reconnaît d'abord pas. Les situations sociales ont changé : Mme Verdurin, veuve et remariée, est devenue princesse de Guermantes. De plus, il croit que les autres invités se sont grimés, comme pour un « bal de têtes ». Lorsqu'il comprend que ces cheveux blancs, ces rides, ces empâtements du visage ne sont pas un déguisement, mais la marque laissée par le temps, il prend conscience que la vieillesse est arrivée pour lui aussi.

File d'attente devant l'Opéra de Paris pour acheter du charbon pendant la guerre de 1914-1918.

En même temps, il découvre la fille de Gilberte et Saint-Loup, dans laquelle il reconnaît l'alliance de la famille Swann et de la famille Guermantes : les deux côtés inconciliables de son enfance se rejoignent et s'unissent. Le temps et l'espace sont vaincus.

La vocation

À plusieurs reprises, le Narrateur a affirmé qu'il avait renoncé à écrire, qu'il ne serait pas écrivain. Or, la révélation du *Temps retrouvé*, c'est précisément que son but premier était de déchiffrer « ce livre intérieur de signes inconnus » qu'il portait en lui. En se découvrant comme juché sur ces échasses que représentent les années, il comprend qu'il ne peut sauver les trésors de sa mémoire et lutter contre la mort qu'en écrivant, et en situant son œuvre hors du temps.

Ainsi se réalise cette « vocation invisible » qui a couru dans les trois mille pages du roman. Aiguillonné par le temps, pressé par l'idée de la mort, le Narrateur se met au travail : le livre qu'il écrira est, peut-être, celui qu'on vient de lire – ou un autre, qui reste à écrire par chacun de nous.

L'œuvre s'éclaire par son dernier volume, *Le Temps retrouvé*, où se révèle le sens de toute la démarche du Narrateur : déchiffrer le « livre intérieur » qu'il porte en lui.

Les images

L'une des particularités les plus frappantes du style de Proust, c'est le recours constant à la métaphore. D'une figure de style, Proust a fait un argument métaphysique.

« La beauté du style est le signe infaillible que la pensée s'élève, qu'elle a découvert et noué les rapports nécessaires entre des objets que leur contingence laissait séparés. »

La métaphore

« Les pommiers ouvraient leurs larges pétales de satin blanc » ? « De rares nuages blancs nageant à la surface calme et bleue du ciel » ? « Dans le ciel férié, flânait longuement un nuage oisif » ? – Des métaphores*.
La métaphore se distingue de la comparaison par le fait que l'élément comparant (« comme », « tel que », etc.) est supprimé. Comparaison ? Le « vieux porche » de l'église de Combray, « noir, grêlé comme une écumoire ». Métaphore ? Le vieux porche noir, écumoire grêlée.
À vrai dire, la plupart du temps, lorsque Proust parle de métaphore, il désigne également la comparaison. Sa théorie concerne toute image, quel que soit son mode de production : le rapprochement de deux termes étrangers l'un à l'autre, et l'effet de surprise qu'ils produisent, voilà ce qui l'intéresse.

L'éternité du style

Nul, mieux que Proust, n'a su définir l'intérêt littéraire de ce procédé : « Une heure n'est pas qu'une heure, c'est un vase rempli de parfums, de sons, de projets et de climats. Ce que nous appelons la réalité est un certain rapport entre ces sensations et ces souvenirs qui nous entourent simultanément – rapport que supprime une simple vision cinématographique, laquelle s'éloigne par là d'autant plus du vrai qu'elle prétend se borner à lui – rapport unique que l'écrivain doit retrouver pour en enchaîner à jamais dans sa phrase les deux termes différents. On peut faire se succéder indéfiniment dans une description les objets qui figuraient dans le lieu décrit, la vérité ne commencera qu'au moment où l'écrivain prendra deux objets différents, posera leur rapport, analogue dans le monde de l'art à celui qu'est le rapport unique de la loi causale dans le monde de la science, et les enfermera dans les anneaux nécessaires d'un beau style. Même, ainsi que la vie, quand, en rapprochant une qualité commune à deux sensations, il dégagera leur essence commune en les réunissant l'une et l'autre pour les soustraire aux contingences du temps, dans une métaphore. »

Proust en 1896.

Dans son article de 1920 sur le style de Flaubert, il résume sa pensée en quelques mots: « Je crois que la métaphore seule peut donner une sorte d'éternité au style. »

La mémoire involontaire

Ainsi, retrouver le temps perdu, ce n'est pas le reconstituer – écrire un roman « en costume » – mais en restituer l'essence. La mémoire involontaire* – celle qui ressuscite Combray en rapprochant les goûts de deux madeleines (celle que goûte l'écrivain et celle que mangeait l'enfant qu'il a été), éternise l'instant vécu. De même, les pavés inégaux de la cour de l'hôtel des Guermantes rappellent ceux de Venise. La mémoire travaille comme la métaphore, en associant deux éléments éloignés et en les extrayant du temps auquel ils appartiennent. Son affinité évidente avec la figure de style préférée de Proust explique la parfaite logique, la cohérence, l'infinie richesse de son œuvre.

La métaphore correspond, sur le plan stylistique, à ce qu'implique la démarche de Proust sur le plan psychologique et métaphysique.

Les lecteurs

Près de soixante-dix ans après la publication du *Temps retrouvé*, la révolution proustienne s'est imposée à tous, et les rangs des admirateurs de la *Recherche* ne cessent de s'élargir.

Les lecteurs : « Je ne leur demanderais pas de me louer ou de me dénigrer, mais seulement de me dire si c'est bien cela, si les mots qu'ils lisent en eux-mêmes sont bien ceux que j'ai écrits. » (Proust, *Le Temps retrouvé*)

Le purgatoire

Comme tous les grands écrivains, Proust a connu son purgatoire – ou plutôt son enfer. Rejeté, dès la fin des années 30, par des idéologies qui déniaient à l'homme le droit à un destin individuel, blâmé par les catholiques qui n'acceptaient pas la rédemption païenne qu'il proposait, condamné par les communistes qui voyaient en lui un ennemi de la classe ouvrière et un oisif, brûlé par les nazis qui accusaient le Juif Proust d'avoir contribué à former des esprits dégénérés, il dut attendre les années 50 pour revenir à l'honneur. Enfin, on put le lire sans trop d'arrière-pensées politiques. En 1971, le centenaire de sa naissance marqua une apothéose.

Aujourd'hui, il ne se trouve plus grand monde pour dire de Proust, comme André Suarès en 1922, que « c'est un homme de talent, sans ordre et sans style », « une femme de chambre », « incurablement esthète, précieux, enthousiaste à faux et peu viril », ou pour soutenir, comme Jean-Paul Sartre en 1947, que Proust « s'est fait le complice de la propagande bourgeoise ».

Proust dans le monde

Dans la reconnaissance de son œuvre, les étrangers avaient devancé les Français. De Henry James à Curzio Malaparte, de Rainer Maria Rilke à Samuel Beckett, la société des amis de Proust compte des milliers de membres sur tous les continents. On lit Proust en russe, en allemand, en espagnol, en italien (où l'on compte déjà quatre traductions de la *Recherche*), en grec, en portugais, en chinois, etc.

On étudie son œuvre dans le monde entier. La moindre université américaine compte parmi ses professeurs deux ou trois spécialistes de la *Recherche* – le plus grand d'entre eux, Philip Kolb, l'éditeur des vingt et un volumes de la *Correspondance*, s'est intéressé à Proust quand tout le monde ou presque s'en détournait, au début des années 30. Les Japonais sont devenus de fervents proustiens, et chaque année des étudiants de Tokyo ou Kyoto vont à Paris déchiffrer les manuscrits* de la Bibliothèque nationale.

Jacques Rivière en 1923.

La critique proustienne

La critique proustienne a bénéficié de cette émulation internationale pour accomplir des progrès réguliers. Les meilleurs critiques de notre époque ont écrit sur Proust, qui est la référence à laquelle chacun se mesure : Roland Barthes, Maurice Blanchot, Michel Butor, Pietro Citati, Ernst Robert Curtius, Gilles Deleuze, Serge Doubrovsky, Gérard Genette, Julien Gracq, Giovanni Macchia, Georges Poulet, Jean-Pierre Richard, Jean Rousset, Leo Spitzer, Jean-Yves Tadié. La *Recherche* a été soumise aux investigations de la psychanalyse, de la linguistique, de la sociologie, de la philologie, de la philosophie. Chaque fois, elle a dévoilé ses trésors avec générosité. Les études savantes n'ont cependant pas encore entamé le mystère de ce texte : ce plaisir si particulier qu'il offre à ses lecteurs, mélange de poésie et d'intelligence, d'humour et d'émotion. Il est la bible de notre modernité.

L'œuvre a suscité de multiples interprétations d'écrivains, de critiques, d'universitaires de tous pays qui n'ont pourtant pas amoindri son mystère.

Citations

Amour :

« L'amour, c'est l'espace et le temps rendus sensibles au cœur. »

« On n'aime plus personne dès qu'on aime. »

Art :

« L'art est le produit d'un autre moi que celui que nous manifestons dans nos habitudes, dans la société, dans nos vices. »

Bonheur :

« Le bonheur est salutaire pour le corps mais c'est le chagrin qui développe les forces de l'esprit. »

Désir :

« Le désir fleurit, la possession flétrit toutes choses. »

Femmes :

« Laissons les jolies femmes aux hommes sans imagination. »

Génie :

« Le génie consistant dans le pouvoir réfléchissant et non dans la qualité intrinsèque du spectacle reflété. »

Intelligence :

« Chaque jour j'attache moins de prix à l'intelligence. Chaque jour je me rends mieux compte que ce n'est qu'en dehors d'elle que l'écrivain peut ressaisir quelque chose de nos impressions passées, c'est-à-dire atteindre quelque chose de lui-même et la seule matière de l'art. »

« L'instinct dicte le devoir et l'intelligence fournit des prétextes pour l'éluder. »

Littérature :

« La vraie vie, la vie enfin découverte et éclaircie, la seule vie par conséquent pleinement vécue, c'est la littérature. »

Livre :

« Un livre est un grand cimetière où sur la plupart des tombes on ne peut plus lire les noms effacés. »

« Les vrais livres doivent être les enfants non du grand jour et de la causerie, mais de l'obscurité et du silence. »

Maladie :

« Il y a des maux dont il ne faut pas chercher à guérir parce qu'ils nous protègent seuls contre de plus graves. »

Médecine :

« Croire à la médecine serait la suprême folie, si n'y pas croire n'en était pas une plus grande. »

Mémoire :

« Et peut-être la résurrection de l'âme après la mort est-elle concevable comme un phénomène de mémoire. »

Mort :
« Pour aimer aujourd'hui la vie, il aurait suffi de penser que nous sommes des humains et que ce soir peut venir la mort. »
« Nous ne sommes tous, nous les vivants, que des morts qui ne sont pas encore entrés en fonctions. »
« Rien ne dure, pas même la mort ! »

Musique :
« La musique est peut-être l'exemple unique de ce qu'aurait pu être – s'il n'y avait pas eu l'invention du langage, la formation des mots, l'analyse des idées – la communication des âmes. »

Paradis :
« Les vrais paradis sont les paradis qu'on a perdus. »

Plaisir :
« Ceux qui aiment et ceux qui ont du plaisir ne sont pas les mêmes. »

Psychologie :
« Aussi est-il inutile d'observer les mœurs, puisqu'on peut les déduire des lois psychologiques. »

Rêve :
« Il vaut mieux rêver sa vie que la vivre, encore que la vivre ce soit encore la rêver, mais moins mystérieusement et moins clairement à la fois, d'un rêve obscur et lourd, semblable au rêve épars dans la faible conscience des bêtes qui ruminent. »

Sommeil :
« On ne peut bien décrire la vie des hommes si on ne la fait baigner dans le sommeil où elle plonge et qui, nuit après nuit, la contourne comme une presqu'île est cernée par la mer. »

Style :
« Le style, pour l'écrivain, aussi bien que pour le peintre, est une question non de technique, mais de vision. »

Temps :
« Le temps dont nous disposons chaque jour est élastique ; les passions que nous ressentons le dilatent, celles que nous inspirons le rétrécissent, et l'habitude le remplit. »

Théories :
« Une œuvre où il y a des théories est comme un objet sur lequel on laisse la marque du prix. »

Vérité :
« Il ne faut jamais avoir peur d'aller trop loin car la vérité est au-delà. »

Bibliographie

Marcel Proust lui-même n'aurait eu ni le temps ni le cœur de lire tous les livres qu'on a consacrés à son œuvre. Il s'en publie chaque jour, et dans le monde entier. On ne pourra donc, ici, sortir des sentiers battus.

Œuvres de Marcel Proust

Lire Proust, c'est lire *tout* Proust. Aussi évitera-t-on les morceaux choisis, *reader's digest* et autres parcours fléchés. Les éditions sont aujourd'hui innombrables. On recommandera celle publiée en quatre volumes, sous la direction de Jean-Yves Tadié, chez Gallimard, dans la « Bibliothèque de la Pléiade » (1987-1989). La richesse des introductions, des notes et des variantes, les centaines de pages d'esquisses inédites en font l'édition de référence.

Le même texte, avec des notes allégées et des introductions refondues, est repris en huit volumes dans une collection de poche plus accessible mais aussi exigeante, « Folio classique ».

Contre Sainte-Beuve précédé de *Pastiches et mélanges* et suivi de *Essais et articles*, édition de Pierre Clarac et Yves Sandre, « Bibliothèque de la Pléiade », Gallimard, 1971. (Les *Essais et articles* sont repris dans la collection « Folio-Essais ». Pour les pastiches, voir également l'édition de Jean Milly, *Les Pastiches de Proust*, Armand Colin, 1970.)

Jean Santeuil précédé de *Les Plaisirs et les Jours*, édition de Pierre Clarac et Yves Sandre, « Bibliothèque de la Pléiade », Gallimard, 1971.

Les Plaisirs et les Jours suivi de *L'indifférent et autres textes*, édition de Thierry Laget, coll. « Folio », Gallimard, 1993.

Poèmes, édition Claude Francis et Fernande Gontier, « Cahiers Marcel Proust, 10 », Gallimard, 1982.

Écrits de jeunesse 1887-1895, Institut Marcel Proust International, 1991.

Correspondance, édition de Philip Kolb, Plon, 1970-1993, 21 vol.

Traductions de John Ruskin

RUSKIN (John), *La Bible d'Amiens*, traduction, notes et préface de Marcel Proust, introduction d'Hubert Juin, UGE, « 10/18 », 1986.

RUSKIN (John), *Sésame et les lys*, traduction et notes de Marcel Proust, édition établie par Antoine Compagnon, Complexe, 1987.

On lira avec profit l'ouvrage déjà ancien mais toujours éclairant de Jean Autret, *L'Influence de Ruskin sur la vie, les idées et l'œuvre de Marcel Proust*, Genève-Lille, Droz-Giard, 1955.

Biographies

En dehors des nombreux livres de souvenirs, on compte déjà six ou sept synthèses biographiques : ce sont, pour la plupart, des travaux de seconde main. La plus connue, de George Painter (*Marcel Proust*, Mercure de France, 1966, 2 vol.), est encore utile. On annonce, chez Gallimard, une vie de Proust par son meilleur spécialiste, Jean-Yves Tadié.

Critiques

Pour une introduction plus complète à la vie et à l'œuvre de Proust, on se reportera à l'un des ouvrages synthétiques de Jean-Yves Tadié. *Proust*, Belfond, 1983, offre d'innombrables pistes de lecture, des repères chronologiques et critiques détaillés. *Proust et le roman*, Gallimard, 1971 (repris dans la collection « Tel »), traite et épuise un sujet essentiel : l'invention romanesque de Proust.

Pour approfondir tel ou tel aspect de l'œuvre proustienne, on trouvera ci-après une liste d'ouvrages canoniques.

BARDÈCHE (Maurice), *Marcel Proust romancier*, Les Sept Couleurs, 1971, 2 vol.

BONNET (Henri), *Marcel Proust de 1907 à 1914*, Nizet, 1971 et 1976, 2 vol. (comprend une bibliographie).

CHANTAL DE (René), *Marcel Proust, critique littéraire*, Presses de l'Université de Montréal, 1967, 2 vol.

COMPAGNON (Antoine), *Proust entre deux siècles*, Seuil, 1989.

FRAISSE (Luc), *L'Œuvre-Cathédrale : Proust et l'architecture médiévale*, Corti, 1990.

GENETTE (Gérard), *Figures III*, Seuil, 1972, et *Nouveau discours du récit*, Seuil, 1983.

HENRY (Anne), *Marcel Proust. Théories pour une esthétique*, Klincksieck, 1981.

HENRY (Anne), *Marcel Proust romancier. Le Tombeau égyptien*, Flammarion, 1983.

MACCHIA (Giovanni), *L'Ange de la nuit (Sur Proust)*, traduit de l'italien par Marie-France Merger, Paul Bédarida et Mario Fusco, Gallimard, 1993.

MILLY (Jean), *La Phrase de Proust*, Larousse, 1975.

RAIMOND (Michel) et FRAISSE (Luc), *Proust en toutes lettres*, Bordas, 1989.

RICHARD (Jean-Pierre), *Proust et le monde sensible*, Seuil, 1974 (repris dans la collection « Points »).

Revues proustiennes

Enfin, pour connaître l'actualité de la recherche et des publications proustiennes, on consultera les collections de revues spécialisées.

Bulletin Marcel Proust de la Société des amis de Marcel Proust et des amis de Combray (depuis 1950).

Bulletin d'Informations proustiennes, Presses de l'École normale supérieure.

Études proustiennes (« Cahiers Marcel Proust, Gallimard », 1973-1987).

Revue des Lettres Modernes, Série « Marcel Proust », Minard (depuis 1992).

Proust en images

Quoique Proust se soit élevé contre la « simple vision cinématographique » de la réalité, les cinéastes ont rêvé de porter son œuvre à l'écran. L'aventure est vouée à l'échec, y compris pour ceux qui l'ont menée à bien.

Jeremy Irons et Fanny Ardant dans *Un amour de Swann*, film de Volker Schlöndorff de 1984.

« Sodome et Gaumont »

René Clément, Luchino Visconti, Joseph Losey ont tour à tour travaillé sur des projets d'adaptation cinématographique de la *Recherche du temps perdu*. En privilégiant *Sodome et Gomorrhe*, Visconti et Suso Cecchi d'Amico ont écrit un scénario que Visconti n'a pas eu le temps de tourner. On peut imaginer ce qu'aurait été ce film, en songeant à *Mort à Venise* ou au *Guépard*, et en lisant le scénario publié en 1984, aux éditions Persona.
De même, le scénario du projet Joseph Losey-Harold Pinter a été publié en anglais (*The Proust Screenplay*, Londres, Chatto & Windus, 1979). Toutes ces tentatives ont davantage à nous apprendre sur le cinéma, ses techniques et ses moyens, que sur l'œuvre de Proust.
Seul film achevé, sinon abouti, *Un amour de Swann*, de Volker Schlöndorff (1984), sur un scénario de Peter Brook, Marie-Hélène Estienne et Jean-Claude Carrière, a inspiré ce mot à la critique: « C'est Sodome et Gaumont. » Sans doute s'agissait-il d'une œuvre pieuse, prestigieuse, consciencieuse. Mais, comme l'a écrit Jean-Yves Tadié, « il ne suffit pas de faire boiter, à la fin du film, Jeremy Irons et Alain Delon, pour donner le sentiment du vieillissement, de la mort qui rôde » – du temps. « Ce que nous aurions aimé c'est retrouver, grâce au miracle d'une écriture cinématographique – comme chez Bergman, Bresson, Visconti, Welles – l'éternité dans le flux des images. »
On lira un intéressant dossier sur la préparation de ce film et son « découpage intégral après montage et texte

du dialogue *in extenso*» dans *L'Avant-Scène cinéma*, février 1984, n° 321-322.
Le meilleur film sur Proust n'est pas une adaptation de son roman, mais une évocation de sa vie, inspirée du livre de sa «gouvernante», Céleste Albaret (*Monsieur Proust*, Robert Laffont, 1973). Sorti en 1981, *Céleste* est l'œuvre de Percy Adlon, le metteur en scène de *Bagdad Café*.

À la télévision

La télévision a produit de nombreuses émissions sur Proust. Signalons les plus importantes:
Portrait Souvenir: Marcel Proust, émission de Roger Stéphane et Roland Darbois (1962), avec des témoignages de personnalités ayant connu Proust (Céleste Albaret, Jean Cocteau, François Mauriac, Paul Morand, etc.).
Du côté de chez Swann, adapté en 1971 par Claude Santelli et Françoise Verny, avec Madeleine Renaud, Denise Gence, Marie-Christine Barrault, Isabelle Huppert.
Marcel Proust, documentaire de Pierre Dumayet et Robert Bober, série «Un siècle d'écrivains», France 3, 6 septembre 1995.
Pour une «filmographie» plus complète, voir la liste établie par William Carter, *Bulletin Marcel Proust*, n° 40 (1990), pp. 177 à 179.

Photographies – dessins

Le premier livre de Proust, *Les Plaisirs et les Jours*, était illustré des dessins de Madeleine Lemaire. La tradition s'est perpétuée, donnant lieu à des ouvrages de bibliophilie plus qu'à des chefs-d'œuvre. Parmi les illustrateurs de la *Recherche* figurent Van Dongen, Laboureur, Nascimbene.
La photographie s'est à son tour emparée du roman de Proust: citons, notamment, les beaux travaux de François-Xavier Bouchart (*Marcel Proust, La Figure des pays*, Colona, 1982).

De l'écrit à l'écran il y a un fossé d'autant plus difficile à franchir lorsqu'il s'agit d'adapter l'œuvre de Marcel Proust.

Glossaire

Décadent: École littéraire et artistique, apparue vers 1880, se caractérisant par son pessimisme moral, le goût des sentiments morbides et le raffinement excessif du style. Les décadents deviendront vite symbolistes, mais, sous cette étiquette, on a eu le temps de ranger Baudelaire, Verlaine, Barrès ou Edmond de Goncourt.

Épreuve: Premier état imprimé d'un livre, avant les corrections éventuelles qu'y porteront l'auteur, l'éditeur ou l'imprimeur.

Esquisse: Texte littéraire dont l'élaboration n'est pas achevée.

Genèse: Histoire de la gestation et de la rédaction d'une œuvre littéraire: plans, brouillons, esquisses, dactylogrammes, épreuves corrigées, variantes, etc.

Inverti: « Ce terme [« tante »] conviendrait particulièrement, dans tout mon ouvrage [...] "Mais le lecteur français veut être respecté" et n'étant pas Balzac je suis obligé de me contenter d'inverti. Homosexuel est trop germanique et pédant » (Proust, esquisse de *Sodome et Gomorrhe*).

Manuscrit: Dernière mise au net d'un texte écrit à la main, avant sa reproduction mécanique (par dactylographie ou imprimerie).

Mémoire involontaire: Souvenir qui n'est pas mobilisé par la volonté, mais par les sens.

Métaphore: Figure de style qui consiste « à présenter une idée sous le signe d'une autre idée plus frappante ou plus connue, qui, d'ailleurs, ne tient à la première par aucun autre lien que celui d'une certaine conformité ou analogie » (P. Fontanier).

Paperole: Bande de papier, parfois très longue, que Proust collait sur ses manuscrits ou ses épreuves et sur laquelle il notait des textes devant y être insérés. Mot créé par Céleste Albaret, gouvernante de Proust.

Pastiche: Imitation volontaire du style d'un maître par un artiste, un écrivain.

Préraphaélites: Peintres britanniques du milieu du XIXe siècle, amis de Ruskin, qui s'inspiraient de l'art primitif italien d'avant Raphaël.

Symbolisme : École littéraire et artistique de la fin du XIXe siècle qui a cherché à exprimer la dimension métaphysique de l'homme à travers une accumulation de symboles. Ses principaux représentants français sont Mallarmé et Gustave Moreau.

Dans la même collection :

1. Le cinéma
2. Les Français
3. Platon
4. Les métiers de la santé
5. L'ONU
6. La drogue
7. Le journalisme
8. La matière et la vie
9. Le sida
10. L'action humanitaire
11. La Shoah
12. Le roman policier
13. Mini-guide du citoyen
14. Créer son association
15. La publicité
17. Paris
18. L'économie de la France
19. La bioéthique
20. Du cubisme au surréalisme
21. Le cerveau
22. Le racisme
23. Le multimédia
25. Les partis politiques en France
26. L'islam
27. Les métiers du marketing
29. La sexualité
30. Albert Camus
31. La photographie
32. Arthur Rimbaud

Responsable éditorial : Bernard Garaude
Directeur de collection – édition : Dominique Auzel
Secrétariat d'édition : Mathilde Fournier, Véronique Sucère
Correction – révision : Jacques Devert
Lecture – collaboration : Pierre Casanova
Iconographie : Sandrine Guillemard
Fabrication : Isabelle Gaudon, Hélène Zanolla
Conception graphique : Bruno Douin
Couverture : Olivier Huette
Maquette : octavo

Crédit photos :

Explorer : p. 3 / Édimédia : pp. 5, 6, 9, 10, 11, 22, 24, 32, 39, 46 / Roger - Viollet : pp. 7, 8, 12, 13, 14, 17, 18, 19, 20, 23, 26, 27, 29, 30, 34, 35, 36, 37, 38, 40, 41, 42, 43, 45, 49, 51, 53, 55, 63 / D.R. : pp. 25, 47 / Cinémathèque de Toulouse : p. 60

Aubin Imprimeur, 86240 Ligugé. — D.L. décembre 1995. — Impr. P 50788